DEBUT D'UNE SERIE DE DOCUMENTS
EN COULEUR

Couverture inférieure manquante

LE
BLASON DE LALAING

NOTES

GÉNÉALOGIQUES & HÉRALDIQUES

SUR UNE

ANCIENNE & ILLUSTRE MAISON

PAR

Félix BRASSART,

douaisien.

PREMIÈRE PARTIE

DOUAI
L. CRÉPIN, ÉDITEUR,
rue de la Madeleine, 23.

PARIS | GAND
DUMOULIN, LIBRAIRE | CAMILLE VYT, LIBRAIRE
Quai des Augustins, 13. | Rue des Régnesses, 1.

1879.

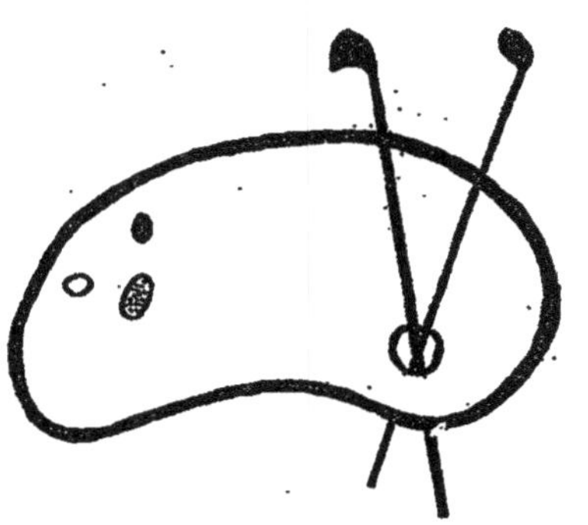

FIN D'UNE SÉRIE DE DOCUMENTS
EN COULEUR

NOTES POUR SERVIR

A UNE

HISTOIRE GÉNÉALOGIQUE

DE LA

Maison de Lalaing.

LE
BLASON DE LALAING

NOTES

GÉNÉALOGIQUES & HÉRALDIQUES

SUR UNE

ANCIENNE & ILLUSTRE MAISON

PAR

Félix BRASSART,

douaisien.

PREMIÈRE PARTIE.

DOUAI

L. CRÉPIN, ÉDITEUR

rue de la Madeleine, 29.

PARIS | GAND

DUMOULIN, LIBRAIRE | CAMILLE VYT, LIBRAIRE

Quai des Augustins, 13. | Rue des Régnesses, 1.

1879.

I

LE BLASON DE LALAING

PAR

Luxembourg le Héraut.

———

LE BLASON DES ARMES DE LALAING présenté par
Luxembourg le herault à *Franchois* et *Jacques*, enf-
fan⌐ de messire *Charles*, baron de Lalaing, doien des
pers d⌐ Hayn., s⌐ d'Escornays, de Bracquele et Heu-
signiez, chl⌐ de l'Ordre, conseillier et chambellan de
l'empereur et de mons⌐ l'archiduc prince de Castille,
cappitaine de la ville et chasteau d'Audenarde, et de
dame *Jacqueline de Luxembourg*, sœur des signeurs
de Fyennes et de Ville, en l'an xv⌐ noefz.

Ung jour estant sus mon livre musant
En regardant de maintes regions
Pluiseurs blasons, retournant et virant,
Pensifz estant qu'estoient signifiant,
J'en trouvay tant de divérses fachons,
Nobles et bons, de roys, princes, barons,
Entre lesquelz trouvay ung belgien
Escu, procreé tres noble et anchien.

Lequel jamais par nul de ses porteurs
Ne fut destaint, abaissié, n'avallé,
Tant ont mery ses bons antecesseurs
Par nobles faitz d'armes et grans labeurs,
Qu'il leur demeure, par prouesse et bonté,
Los immortel à perpetuité.
Bien doibvent cheulx qui en sont descendus
Les ensieuyr en noblesse et vertus.

L'escu predit commenchay blasonner
Aprez mon sens et rude entendement ,
Requerant cheux qui les doibvent porter,
Sy faulte y a, m'en volloir pardonner.
Nul n'est parfait synon Dieu seullement.
En champ de geulles dixz lozenghes d'argent
Painctes estoient sur ledit escuchon ,
Dont le porteur *de Lalaing* a le nom.

Le rouge geulles signifye proesse
Tres vertueuse, droit et justice aussy,
Le fier dieu Mars des combatans, adresse,
Le feu tres net qui tout consume et seche
Et en pierrye il resemble au ruby.
Le Saint Esprit comme feu descendy
Sur ses apostres pour les plus embraser
En charité et foy vraye allumer.

Au colericque le rouge est resamblant,
Hatifz et chault, hardy d'executer,
Prompt, tousjours prest en son droit deffendant ,
Comme le feu en proesse brullant.

Rouge coulleur nul ne pooit porter
Anchiennement, n'en vesimes user
Synon les princes et excellens docteurs
Ou gens reaulx, senatz ou conseilleurs.

Le cherubin, qui est tout enflanbé
D'amour fervente qu'il ha en regardant
La digne fache de la Vraye Unité
Tout precellant en lueur et beaulté,
A coulleur rouge se va equiparant.
Pour son jour, geulles le mardi va prenant.
Des sains martirs la constant compagnye
Tres militante, le rouge signyfye.

L'argent tres cler signifie netteté,
Pudicité et de vertus ricesse
Inmaculée d'aulcune lacheté
Et si designe pure virgnité,
Integrité, gratuité, largesse
Et le jour cler qui rent à tous leesse.
Une tachette est sus blancq plus tost veue
Qu'en coulleur nulle, et de loings apercheue.

Pour sa pierrye, a l'argent la perle nette,
Tres blanchette, des gesmes preeslite.
Cest confite de la rousée freschette,
Tres douchette, congellée en pierrette
Joliette. La perle tant merite
Qu'elle est ditte figurer la marguerite
Tres inclite, Verge tant digne et pure,
Mere de Dieu, sans tache ne soullure.

A l'argent est la lune attribuée
Pour sa planette, qui regist fruit et plante.
Aprez son cours est la mer gouvernée,
Croist et avalle son flo et son undée.
La nuit obscure elle fait reluisante
Et sur le sang de l'homme est dominante.
N'est clymat nul qu'elle ne reigle aussy
Et pour son jour elle prent le lundy.

L'estat des vierges elle nous prefigure,
La blanche lys, l'aigniel inmaculé
Qui en la vierge print humaine nature
Pour l'home oster de l'orde chartre dure
Où par Adam chacun estoit boutté.
La coulleur blanche Dieu a tousjours aymé :
Il est escript qu'il se transfigura,
Ayant vesture *sicut nix candida*.

Sus escarlatte dix cucquelins d'argent,
Que dix lozenghes disons en armoyrie,
Lesquelles Dieu miraculeusement
A voz ancestres transmist divinement
Par une dame, qui fut de vo lignye,
Grant aumonsniere, de pité bien garnye,
Fort charitable, misericorde et juste,
Et son mary obstiné et robuste.

L'homme, neury en la gendarmerye,
Tousjours aymant guerres, joustes, tournois,
Chevaulx, harnois, frequentant la ruttrye,
Peu craindant Dieu et plain de reverye,

Heant les poures, à eulx chiche et estrois,
Redarguant sa femme pluiseurs fois,
Pour che qu'aulx poures, quant avoir le pooit,
Fort aulmosniere la bonne dame estoit.

Ung jour de l'un, celle secretement
Print pain et char, pour aux poures donner,
Devers la porte s'en allant vistement,
Où son mary trouva, qui rudement
Qu'elle portoit luy print à demander.
La bonne dame, soy cuidant excuser,
Luy respondit que c'estoient cucquelins (1),
Pour son estrine donnée des voisins.

Luy endurchy, en son cas obstiné,
Par la robe d'escarlate le print,
Par violence et malle volenté,
Que son geron en fut tout deschyré,
Mais par myracle Dieu permist qu'il advint
Que pain et char la pemne (?) deuinct,
Veant tous cheus qui là estoient present
Sus escarlatte dix cucquelins d'argent (2).

(1) Sorte de pâtisserie. — On dit encore, en wallon, des *couques.*
Ces mots semblent venir du flamand ou de l'allemand.
Dans «La Légende du blason de Lalaing mise en prose vers 1566»
(voir ci-après, III), on lit ceci : « disant que c'estoit *cucquelins paste*
qu'elle portoit pour estriner aulcunes de ses bourgeoises ».

(2) Dans « La Légende... mise en prose » (voir ci-après, III), on
trouve que ce que la dame « portoit fut changé en *cucquelins blans*».
D'après M. de Lettenhove (*Œuvres de Froissart*, Bruxelles, 1875,
in-8°, Chroniques, XXII, table, p. 24), la dame se serait écriée
« qu'elle n'avait *cueilli* qu'un *bouquet*, et en effet les pains se
trouvèrent changés en *sukelins* ou losanges de fleurs ». Un bouquet
de fleurs ou donc la noble dame l'aurait-elle cueilli, au mois de
janvier ? dans sa serre ! !

Ledit signeur, ce myracle voyant,
Devottement à Dieu merchy crya,
Et fut tousjours, de ce jour en avant,
Fort charitable et aumonsnier tres grant,
Sa vie durant, les poures hennoura,
Et en memoire du cas qui advint là,
Pour ses armes il print incontinent
En champ de geulles dixz lozenghes d'argent.

Lesquelles armes ont depuis eu tel heur
Jusqu'au jour d'huy, que jamais reprochées
Ne furent, mais ont tousjours eubt honneur,
Et au service de leur prince et seigneur,
Sans varier, lealles sont trouvées,
Et maint rencontre et batailles prouuées,
Dont les porteurs, sans bransle ne esloche,
Renommez sont CHEVALIERS SANS REPROCHE.

Noury avoit esté ledit baron
Avec Lothaire, duc de Zasse jadis,
Puis empereur ij° de che nom,
En l'an aprez de l'Incarnation
Mille cent ans et xv avecq dix,
En militant, par maint divers pays,
Soubz la conduite de son prince et seigneur,
Où il acquist bon renom et honneur.

Et tellement se conduit et servy,
Qu'en grant amour l'eust ledit empereur,
Pour sa proesse et grant vaillanse aussy,
Qu'en recompense de quoy il eubt par luy
Par mariage une dame d'honneur,
Fille de comte et très puissant seigneur,

Avecq laquelle depuis se retyra
En son pays, quant son maistre fyna.

Où il vesquy de sa vie le sourplus,
En son chasteau de Lalaing demorant,
De jour en aultre augmentant en vertus,
Aprez qu'il eubt laissiet son grant abus,
Par le myracle recyté devant.
Et depuis luy jusques à maintenant,
En sa lignye ne fut jamais trouvé
Aulcun reproche ne nulle lacheté.

C'est le droit troncq de vraye chevalerye,
L'estocq d'honneur flourissant en noblesse,
C'est la rachine, de proesse garnye,
Raverdissant inpollue non soullye,
Tres magnanime, des vertueux l'adresse,
C'est le resort de vraye gentilesse,
Desquelz le bruit et renom, pur et munde,
Sans nul reproche volle par tout le monde.

C'est le nourice des combatteurs vaillans,
Tres militans, hardis expugnateurs,
Entrepreneurs des faitz d'armes pesans,
Tousjours serchans jouxtes, tournois plaisans,
Pas triumphans, dont il ont fet pluiseurs,
Les vrays vaincquoeurs, les longtaings voiageurs,
Sans nul reproche senvie ne les robbe,
Jamais Lalaing ne retourna sa robe.

Dont à bon droit, en voz armes portez
Coulleur de geulles, que segnefye proesse,
A dixz lozenghes, que dessus vous avez,
D'argent tres fin, dont j'ay premyez assez
Qu'il signefye des vertus grant richesse,
Humilité, netteté et largesse,
Promp sans vantise, begnin, juste, leal,
Hardy et sobre attempre, liberal.

Les dixz lozenghes les dix commandemens
Vous prefigurent, que Dieu à tous humaios
Par Moyses envoya à ses gens
Israhelites, qui, par milliers et cens
Devant, estoient d'ydolatrye plains.
Le nombre avez en voz piedz et voz mains,
Affin qu'ayez sa loy en souvenance
Et en sa foy vraye perseverance.

Tres redoubtez et honnourez signeurs,
Souviengne vous dont este descendus.
Des nobles faitz de vos antecesseurs,
Dont le surnom portez, ayez les meurs.
Ayez memoire que vous estez venus,
Par pere et mere, de cheus dont jamais nulz
Trouvé ne fu ayant nul fer qui loche,
Mais tous sont mors CHEVALIERS SANS REPROCHE.

Conclusion de l'acteur et fin.

Nobles seigneurs *Jacques* et vous *Franchois,*
Qui issus estez des illustres maisons
De Lalaing, nette, pure, gardant ses droix,
De Luxembourg, aussy d'honneur le chois,

Dont venus sont maintz roys, princes, barons,
J'ay ychy fait de vous deulx les blasons,
Vous requerant, s'il y a nul deffault,
Que pardonnez Luxembourg le herault.

Ainsy sign. : LUXEMBOURG *herault.*

Le vrai nom de Luxembourg le héraut est inconnu, comme celui de Limbourg le héraut, l'auteur de la relation du Pas du Perron fée, tenu à Bruges en 1463, par le chevalier *Philippe* de Lalaing (1), comme celui du héraut Charolais, qui écrivit « bien au long » sur les « nobles faits » du Bon Chevalier *Jacques* de Lalaing (2).

Comparés aux vers de Nicaise Ladam *dit* le Songeur ou le roi d'armes Grenade, ceux du héraut Luxembourg, son contemporain, nous semblent presque supportables. Et cependant c'est Grenade qui a été le versificateur à la mode !

Quant aux deux jeunes seigneurs, *François* et *Jacques* de Lalaing, auxquels Luxembourg, leur précepteur peut-être, dédie son « Blason des armes », leur destinée fut courte. François mourut enfant et fut inhumé au monastère de Deynze, devant la tombe de son bisaïeul *Simon* de Lalaing, seigneur de Montigny, chevalier de la Toison d'or; sur la pierre sépulchrale, ornée des écussons de ses quartiers, il était

(1) Voir *Souv. de la Fl. wall.*, XIV, p. 20.
(2) Kervyn de Lettenhove, *Œuvres de Georges Chastellain*, Bruxelles, 1866, in-8°, VIII, p. xj.

indiqué comme « second enfant et fils aîné de messire *Charles*, comte de Laiaing » (1). *Jacques*, qui porta le titre de sire d'Escornaix, mourut aussi avant son père et sans postérité, le 30 octobre 1521.

(1) Goethals, *Miroir des notabilités nobiliaires*, Bruxelles, 1861, in-4o, II, p. 514.

II.

ANALYSE D'UN MANUSCRIT HÉRALDIQUE

de la Bibliothèque nationale.

« Le Blason des armes de Lalaing » est tiré d'un manuscrit très-curieux pour l'histoire de la noblesse de notre pays et qui repose à la Bibliothèque nationale, fonds français, n° 5229 ; il a fait partie de la bibliothèque de Colbert. Il est en papier, de format in-4° et de plusieurs écritures, depuis l'an 1509 jusqu'en 1527. La demi-reliure moderne lui attribue pour titre : « Traité de noblesse, blason etc. » Sur le dernier feuillet de garde, on lit ces mentions tracées par plusieurs mains :

Lois de Cordes.
Tout pour elle
Zuilen.
Contentes vous
De Sucre.
Lalaing sans [reproche].
Trop sommes
De Montmorency.

La famille de Zuilen s'allia aux Montmorency dans la personne de François Schóuteete de Zuilen, chevalier, seigneur d'Erpe, grand bailli de Courtrai, mort

en 1596, époux d'Anne de Montmorency-Croisilles(1).
La famille de Sucre posséda longtemps la terre de
Bellaing, en la châtellenie de Bouchain (2). Nous re-
trouverons plus loin le nom de Louis de Cordes, qui
épousa une bâtarde de Montmorency.

Voici le relevé des différents articles contenus dans
le manuscrit.

1° « S'ensieult ung petit traictié de noblesse, composé par *Jacques de Valere*, en langue d'Espaigne
et translaté en franchois par maistre *Hugues de
Salue*, prevost de Fournes (3). Lequel traictié s'adre-
che à noble roy de Castille. » (F° 1.)

Le même traité se trouve dans un manuscrit héraldique du XVI° siècle, qui appartenait, vers 1840,
à la famille d'Assignies et dont Arthur Dinaux parle
dans ses *Archives historiques et littéraires* (Valenciennes, 1842, in-8°), à la page 5 du tome 4° de la
nouvelle série. Il est aussi dans le Ms. français 1280
de la Bibliothèque nationale (f° 13), intitulé « Les
Drois d'armes », compilation exécutée en 1481, pour
le seigneur de La Gruthuse, sous la direction de Gille,
roi d'armes de Flandre. Il se trouve également dans
le Ms. 382 (XVI° siècle) d'Arras (*Catalogue* Caron,
Arras, 1860, in-8°).

(1) Le Blond, *Quartiers généalog.*, Bruxelles, 1788, in-8°, I, p. 86.
(2) *Id.*, II, p. 229.
(3) « *Hugo de Salues, præpositus Furnensis, anno incerto.* »
Sanderus , *Flandria illustrata*, La Haye, 1733, in-f°. III, p. 109.
— Dans sa liste, d'ailleurs très-incomplète, des prévôts de la collégiale de Furnes, Sanderus le place avant Fortigaire de Plaisance,
aumônier du duc Philippe le Bon et évêque d'Arras (1439-1452).

Antoine Verard l'a imprimé à Paris en 1497
(Joannis Guigard , *Bibliothèque héraldique*, Paris,
1861, in-8°, page 78, n° 896).

2° « L'ordre que fut tenu aulx funeraulx obseque
de feu roy catholicque, widant hors de la maison du
prince de Castille en sa ville de Bruxelles, le xiij°
jour de march an xv₄xv avant Pasquès, pour aller en
l'eglise saincte Goulle, illecq faire les vegiles et ob-
secques. » (F° 30.)

On remarque, parmi les seigneurs qui défilèrent à
cheval : « Monsʳ le baron de Lalaing. » (F° 31 v°.)

Nouvelle cérémonie le lendemain , vendredi 14
mars 1515 (v. st.), et départ pour la messe, à neuf
heures ; dans le cortège, se trouve « *Pontus* de Lalaing, sʳ de Bugnicourt, » portant la bannière du
royaume de Galice ; le quatrième cheval, aux armes
de Sardaigne, était mené par « *Arthus* de Lalaing,
seneschal. d'Ostrevant, sʳ de Hordain, et N....., sʳ de
Bersele de Querquienne. » (F° 32 v°.)

Dans son recueil de pompes funèbres (1), Guillaume Rugber, héraut d'armes de Hainaut et de
Lille, a enregistré les obsèques de Ferdinand le Catholique, « rédigées par *Henri Dupuis* », à Bruxelles,
en 1515. Cette relation a été imprimée sous ce titre :
« Les exeques et pompe funerale de don Fernande
roy catholicque, faicte et acomplie en lesglise sainte
Goule à Bruxelles le 24 de mars 1515...... redigée et
escript par maistre *Remy du Puys*, son..... indiciaire

(1) Bibl. publique de Lille, Ms. 320, fin du XVI° siècle, *Catalogue* Le Glay, Lille, 1848, in-8°, p. 266.

et historiographe. » Sans lieu ni date (1515), petit in-f° de 22 feuillets (1).

Les n°ˢ 2°, 3° et 4° paraissent être de la même main.

3° « S'ensieult aulcuns royaulmes, avecq la valleur d'icheulx, succedez à monsʳ monsʳ le prince des Espaignes, à present roy, par la mort de son feu grant pere roy d'Aragon. » (F° 34 v°.)

4° « Le sommaire de ce que les signeurs et communaultés de Italye tiennent communement dudit pays. » (F° 35.)

5° « S'ensieult l'ordre qui fut tenue à l'obseque de feu monsʳ de Fiennes, qui morut aux Chartroux auprès de Gant, le xij° jour de jullet xv°xvij. » (F° 35 v°.)

Le « joeudy xxiij° dudit mois, fut amené le corps dudit deffunct, après disner, des Chartroux dessus dits, jusques en l'eglise de Sainct Michiel.... »

» Marchoit *Ponthus* de Lalaing, seigneur de Buignicourt, qui portoit la cotte d'arme.... » (F° 36.)

» Apres marchoit le deeul : Premiers, monsʳ d'Auxi, chief du deul, monsʳ d'Escornetz, filz du seigneur de Lalaing.... »

» Apres marchoient, en robbe et chapperon sur l'espulle, ceux qui s'ensˢ : (f° 36 v°) Premier, le conte de Portien, le conte d'Egmont, le conte de Fauquenberghe, le conte d'Espinoy et monsʳ de Lalaing. »

Le défunt fut enterré à Sottenghien.

A la suite de cette relation, on lit : « Coppié par

(1) *Bibliotheca Hulthemiana*, Gand, 1836, in-8°, IV, p. 288, n° 26 132.

moy *Loiset de Cordes*, l'an 1525 , le iij[e] jour de septembre. »

Les n°s 5°, 6° et 7° semblent être de la même écriture.

Le héraut Guillaume Rugher a enregistré , dans son recueil, la pompe funèbre du seigneur de Fiennes après celle du roi d'Aragon , comme dans le manuscrit de Paris.

6° « S'ensieult la genealogie et noble extraction de tres hault et puissant signeur Pierre de Luxembourg, comte de Saint Pol , de Conversan et de Bryanne. » C'est l'œuvre de *Saint-Pol le héraut*. (F° 37.)

Suit la généalogie de Marguerite des Baulx, femme dudit comte. (F° 39.)

7° « L'entrée et le grant triumphe honnourable qui fut fait à Charles, par la divine clemence, esleu empereur des Romains. » (F° 42.)

Parti de « Trect , » le « dimenche xxj[e] d'octobre xv[c] xix » (1) pour aller à « Es » (Aix-la-Chapelle) , y prendre « la premiere couronne imperialle », Charles-Quint arriva le lendemain et fit son entrée sans torches, quoiqu'il fît presque nuit. On remarquait, dans le cortége, « le conte de Hoostrate » (*Antoine* de Lalaing), avec cinquante chevaux « de sa mayson », ses douze gentilshommes « coustrés de velour noir » ; il conduisait les chambellans du roi, « qui estoient bien gorgias. »

8° « Cy commenche la table des rubriques de ce present traiotié du blason d'armes. » (F° 47.)

(1) Il y a ici une erreur de date; lisez 1520. Voir la remarquable biographie de Charles-Quint, par M. Gachard, col. 516 du t. III de la *Biographie nationale*, Bruxelles, 1872, in-8°.

L'écriture est assez semblable à celle du n° 1° ; les blasons sont coloriés, mais plusieurs sont restés inachevés.

[*Incipit.*] « Le tres vaillant et victorieux roy Alixandre de Macedon, le tres prudent empereur Julles Cesar..... » (F° 48.) C'est à ces princes que l'auteur croit pouvoir faire remonter l'origine des armoiries (1) !

La partie intéressante de cet article consiste en une collection d'un grand nombre de blasons de seigneurs du royaume de France ; la série des Artésiens commence au f° 92 v° et celle des « Flamens » au f° 98 ; parmi ces derniers, figure, au f° 100, « le chastelain de Douay », portant : « De synople au chef d'hermines » ; au f° 102, les armes de Landas sont ainsi blasonnées : « My party d'argent et de gueules endenté de dix pieces de l'une en l'aultre. »

9° « Du xxiiij° jour de march a ° xv° seize. Les royaulmes succedez à mons' le prince des Espaignes, le duc Charles d'Austrice, par la mort de feu roy d'Aragon. » (F° 111.)

Même écriture que les n°° 2°, 3° et 4°.

10° « Anchien traictié des armoyryes du pays de Haynnau. Copié en l'an mil v°ix, au mois d'aoust. » (F° 115.)

---

(1) De même, Cécile le héraut, « au present et de long tems aiant residence et domicile en la ville de Mons en Hainault », écrivant pour son maitre le roi Alphonse d'Aragon, de Sicile, etc. (1445-1458), faisait honneur de l'invention des armoiries au « tres noble et tres puissant roy Alexandre de Macedoine, roy des roys et seigneur des seigneurs ». Voir Ms. 874 de la Bibl. publique de Douai, pp. 1 et 2.

Dans le préambule, on voit que « Brunehault, souverain p^bre [prêtre] et roy, etc. , de tout le regne fut le premier qui , entre les Belgyens , commencha à faire et paindre propres enseignes, appropriées à la cité et au royaulme , tant en baniere comme en escus , targes...... Et selon que dit Lucius Tongrensis (1) , son escu fut couvert de vij chevrons, dont les iiij furent de coulleur d'or et les aultrez trois furent de noir, comme de coulleur de terre. »

Après quelques pages de rêveries analogues , on arrive, au f° 116 v°, à un intitulé ainsi conçu : « Armoyries particulieres des signeurs, barons, escuyers et gentilz hommes des nobles maisons du pays et comté de Haynault. » On y trouve non-seulement les armes, mais aussi les cris de guerre des familles ; cette liste offre d'autant plus d'intérêt, qu'elle a dû être composée antérieurement à l'an 1509 et probablement dans les dernières années du XVe siècle. Il serait intéressant de la rapprocher de celle publiée par Arthur Dinaux (2) d'après le manuscrit de la famille d'Assignies , cité plus haut , d'autant plus que , quoique composées vers la même époque, elles sont loin d'être pareilles ; nous avons relevé à tout hasard quelques articles du manuscrit de Paris , et parmi eux , il y en a beaucoup qui manquent dans l'autre liste. Ce sont par exemple :

« Les armes de Beuvraige : D'azur au lyon d'ar-

---

(1) Sur cet auteur , qui écrivait à Tongres postérieurement au XIIe siècle , voir Jacques de Guyse, *Histoire de Hainaut*, édition Fortia, Paris, 1826, in-8o, I. *passim*.

(2) *Arch. historiq. et littér.*, 2e série, IV, pp. 7 à 13.

gent billettées de mesmes à la bordure de geulles. Crye : *Haynault* ! » (F° 117.)

« Les armes du Sars : D'azur à trois lyons d'argent. Crye : Haynnau ! » (F° 117 v°.)

« Les armes de Haynin : D'or à la croix de gueules endentée. Crye : *Denain* ! »

« Les armes de Saint Chiforien : De gueules au quartier d'argent. Crye : *Saint Chyforien bourguignon* ! » (F° 118.)

« Le s^r de Bruyelle : D'azur à trois faucquons d'argent, au chef (1) de Haynault. Et crye : *Hollande* ! » (F° 122.)

« Les armes de Grées : Fachiet de six pieces d'argent et de geulles. » (F° 122 v°.)

« Les armes de Stainkerke : D'argent à trois lyons de sable. »

« Le s^r de Wallers : Faché d'or et de geulles. »

Certains noms de famille sont mal écrits, par exemple : « Les armes d'Esquedebe : De geulles à trois lyons d'argent. Crye : *Chierve* ! » (F° 117 v°.) Il est facile de reconnaître ici le blason de la famille d'Esclaibes, d'origine chevaleresque et même princière (2), dont nous avons encore, dans le pays, des représentants.

Au folio 123 verso, se trouve cet intitulé : « Les

---

(1) C'est probablement *franc-quartier* qu'il faut lire, et non *chef*. Ancienement, au lieu de l'écu à la *barre*, les bâtards n'avaient, des armes de leur auteur, qu'un franc-quartier. — On sait que les Bruyelle descendaient d'un comte de Hainaut et de Hollande.

(2) Les d'Esclaibes sont de la maison d'Avesnes, qui a eu trois comtes de Hainaut et de Hollande, un comte de Blois, un comte de Soissons, etc., etc. *Mém. de la Soc. d'émul.*, Cambrai, 1878, in-8o, XXXIV, p. 78.

xij terres des douze pers de Haynault et leurs armes
et crys anchiens. Copié le xix° jour d'aoust an mil
v₀ noefz. »

En tête des douze pairies figure : « Le Petit Kevy,
doien des pers : De sable au chief d'or. Crye : *Kevy
le doien !* Et en possesse, pour le present, mons' *Charles*, baron de Lalaing et d'Escornay, chl' de la Toison
d'or , et porte les plaines armes de Lalaing : De
gueules à dix lozengues d'argent en pal. Et crye :
Lalaing ! »

Ces citations suffiront pour faire connaître combien
est curieux cet armorial du Hainaut, et pour suggé-
rer peut-être à un amateur de Mons (ville qui a le
bonheur de compter deux sociétés académiques où les
recherches historiques sont en grand honneur) l'idée
de lui donner le jour, à côté d'une nouvelle édition
de l'armorial publié plus ou moins exactement dans
le recueil d'Arthur Dinaux ; car c'est là qu'on voit le
cri de guerre, si énergique dans sa crudité toute gau-
loise, *Cul à cul !* — qu'avaient poussé, dit-on , deux
frères de la famille de Waudripont, avant de s'ados-
ser l'un contre l'autre pour se défendre avec achar-
nement, — devenir, par une faute grossière de lec-
ture : *Ciel à ciel !* (1) ce qui n'a plus aucune signifi-
cation.

L'article prend fin au f° 125, par la description des
prétendues armes de saint Vincent , « premier comte
de Haynnau , » et par l'énumération des vingt-un
« corps sains estans au pays de Haynault ».

____

(1) *Archives historiq. et littér.,* 2° série, IV, p. 8.

11. « Enssieult les xxxij quartiers de l'extraction, de par pere et mere, de feu de bonne memoire messire *Jacques* de Lalaing, filz de mons' *Guillaume* de Lalaing et de madame Jehenne *de Crequy*. Extrait sur l'epitaphe dudit messire *Jacques*, en la chappelle de N^{re} Dame, en l'eglise de Lalaing, lesquelz quartiers et armoyryes sont pourtraitz et eslevez en pierre blanche à xxxij banieres. » (F° 125 v°.)

Ces trente-deux quartiers du héros tué en 1453 diffèrent très-sensiblement de ceux que, dans son édition de l'*Histoire du Bon Chevalier* (Bruxelles, 1634, in-4°, page 45), a donnés Jules Chifflet qui, du reste, les a certainement modifiés, notamment en ce qui concerne l'ordre et le rang des alliances : car il a placé celles-ci en conformité des ordonnances héraldiques du XVII° siècle, qui prescrivaient l'adoption de l'ordre méthodique.

Les quartiers de notre manuscrit sont donc, à ce point de vue, mal rangés, mais il n'est pas douteux qu'ils ne reproduisent plus exactement ceux qui ornaient autrefois la tombe de messire Jacques.

En 1448, à Bruges, celui-ci avait montré sur son pavillon une *brodure* (broderie) aux trente-deux *bannières* « dont il estoit yssu directement du père et de la mère, sans entremesler, entre les deux mariages, aucune alliance d'autre nature ou condition, fors tousjours de bannière en bannière » (1). Cette exhibition artistique et héraldique fut alors très-remarquée.

(1) Olivier de La Marche, *Mémoires*, Bruxelles, 1616, in-4o, p. 281.

Parmi les huit premiers de notre manuscrit, de même que dans ceux de Chifflet, il y en a un de faux, celui de « Sarrebruche », qui se réfère à une prétendue alliance d'un Otton de Lalaing avec une Isabeau de Sarrebruche ; ce degré, qui se trouve dans presque toutes les généalogies de la maison de Lalaing, doit être supprimé, ainsi que nous le démontrerons.

12° « Les huit quartiers des armoyries dont sont descendus mess^{rs} les enffans de mons^r Jehan de Meleun, s^r d'Anthoing,........ etc., et de madame Marie de Sarebruche, dame de Bailloeul, etc., fille du comte de Commarchy et de Roucy. — Extrait sur la tombe de Robert de Meleun, leur tierch filz, lequel est enterré en l'eglise colegiale N^{re} Dame d'Anthoing. » (F° 126 v°.)

13° « L'acoustrement de la chambre de madame de Nansou [Nassau], au baptesme de son premier filz. » (F° 127.)

Il s'agit de René de Nassau, né vers 1518, fils du comte Henri de Nassau et de Claude de Châlon-d'Orange ; il devint prince d'Orange en 1530 (1). Il fut baptisé par « mons^r l'abbé de Tonnelot », ayant pour parrain don Fernand (Ferdinand d'Autriche, empereur en 1558), représenté par Mgr de Ravestain, et pour marraine madame de Savoie (Marguerite d'Autriche, régente des Pays-Bas), représentée par la comtesse de Hornes. « Et a eu nom, ledit enfant, Regné, à cause que madame l'avait voué. »

(1) Moreri, *Le Grand Diction. historiq.*, Amsterdam, 1740, in-fol., VI, N p. 23.

2

Dans le cortége qui défila « depuis le chasteau jusques à l'esglise », on remarquait « mons' d'Escornay, qui portoit deux bassins derez d'ouverage d'Espaigne » : c'est *Jacques* de Lalaing, seigneur d'Escornaix, l'un des deux jeunes seigneurs à qui Luxembourg le héraut dédiait, en 1509, « Le blason des armes de Lalaing. »

14°. « Ce livre demonstre l'hoyrye et commenchement du pays de Cleves. » (F°⁰ 129 v° à 132.)

C'est une légende sur la maison de Clèves, avec sa généalogie.

15°. « Copie du mandement des armes de feu maistre Jehan Molinet, à lui donnéez par l'empereur Maximilian, l'an mil v° trois, au mois d'apvril, en la ville d'Anvers. — Copié le xv° d'aoust xv° xxvj, estant moy en eage de lvij ans. » (F° 141.)

Les lettres patentes portant collation d'armoiries sont en latin ; le copiste donne un dessin du blason qu'il traduit ainsi : « D'azur à ung cheveron d'or à trois petis molinetz d'or, deux en chief, ung en pointe, equipolez entre le chevyron ». Nous les croyons inédites.

16° Aux f°⁰ 143 et 144 , se trouve « Le Blason des armes de Lalaing » , tel que nous l'avons publié en tête de cette notice.

17° « Balade comment-le noble nom de Meleun fut jadis trouvé. » (F° 144 v°.) « Ainsy sign. : *Josnelle.* »

18° Au même f° 144 v°, il y a un crayon généalogique constatant que « les enffans de mons *Charles* , baron de Lalaing , chevalier de l'Ordre » , sont , par leur mère Jacqueline *de Luxembourg*, « issus d'issus de germain au roy Henry [VIII] d'Engleterre , regnant à present en cest an xv°xj ».

19° Au f° 145 , commence la pompe funèbre de Jean de Luxembourg , seigneur de Ville, chevalier de la Toison d'or, mort en 1508 (1).

20° « Epitaphes et dictiers en latin composez à Gand, au jour du trespas de feu mons' Jacques de Luxembourg , s' de Fyennes , d'Arqunghen , etc. , gouverneur et cap^ne g^al de Fland., de Lille, Douay et Orchies, lequel trespassa l'an mil xv° xvij. Et son service faict à St Michiel à Gand , comme cy devant est declaré en ce livre. » (F° 151 r°.)

Le premier « dictier » a été composé *per mg^rum Eligium Houcarum, Ganden.*, et le second *per m. Jo. Lacteum, Ganden.*

La pompe funèbre de ce seigneur de Fiennes se trouve en effet au f° 35 v° du manuscrit ; voir ci-dessus : 5°.

21° Petit traité à l'usage des hérauts d'armes. (F^es 152 à 168 v°.)

C'est le titre que nous assignons à une œuvre qui débute ainsi : « Comment on doit faire empereur : — Premierement, empereur se crée en deux manieres, c'est assavoir l'une par election, l'autre est par forche de gens d'armes ...... »

Plus loin (f° 154) on lit :

« Comment on fait baron : — Quand un chl' ou

(1) Publiée par nous dans les *Souvenirs de la Flandre wallonne*, XIV, p. 119.

escuyer a la terre de quatre bacellers, le roy lui poeült baillier banniere à la premiere bataille où il se troeuve, et en la seconde il est banneret, et en la tierche il est baron. »

« Comment on fait ung chl^r de banneret : — Quand chl^r a grandement suyvi les guerres, et qu'il a terre assez qu'il puisse avoir chincquante gentilz hommes pour acompaignier sa baniere en bataille, se s'il n'a chincquante hommes d'armes, les archiers ou arbalestriers qui y appartiennent, et s'il les a, il doit, à la premiere bataille où il est, apporter ung penon de ses armes, et doit venir au connestable ou aux marescheaux, et requerir qu'il soit banneret. Et se ilz luy ottroient, ilz doibvent faire sonner les trompectes pour tesmoingner, et doivent copper les queuues du pennon (1). Et lors le doit lever et porter avecq les aultres ou au dessoubz des barons ».

Suivent ces autres intitulés :

« Comment on doibt faire chappitaine et lever estandart. »

« Comment se doibt faire chevalier. »

Au f° 156 v°, il est traité de la manière d'*ordonner une bataille* : « Nous dirons aussy comment on doit ordonner une bataille par escellez [échelles], et comment on doit ferir en ses ennemis, comme dist

____

(1) La bannière avait la forme carrée, comme notre drapeau; c'était un pennon sans pointe.

Sur des cérémonies semblables accomplies par le duc Philippe le Bon en faveur des seigneurs de Sains et de Harchies, avant la bataille de Rupelmonde, le vendredi 16 juin 1452, voir Olivier de La Marche, *Mémoires*, Bruxelles, 1616, in-4, p. 369.

Josue (1), en *L'Art de chevalerie*, que, sans les bons et sages et notables ordonneurs, on ne se polroit bien combatre.......... ».

Viennent ensuite des règlements sur les obsèques, que « tous heraux et poursievans » doivent connaître (f° 158). L'auteur fait d'ailleurs remonter à « Julius Cesar et Pompée de Romme » l'institution des « roys d'armes et heraulx ».

Il y a encore d'autres intitulés :

« Chy parle des armes et de bannyeres en general ». (F° 161.)

« Quelles choses doibvent estre en bon empereur.» (F° 164.)

Cela se termine par un formulaire « pour l'obseque et derraine exibicion de l'honneur mondainne » d'une haute et noble dame.

22° « Debvoirs faitz et cerymonies observées à la creation et erigement de la comté de Hoestratte. Par copie. » (F°° 168 v° à 170 r°.)

C'est le procès-verbal du 25 novembre 1518, constatant la remise du « chapeau » de comte, faite en l'église de Sainte-Gudule à Bruxelles, par Ferdinand d'Autriche, au nom de son frère Charles-Quint, à *Antoine* de Lalaing, créé comte d'Hoochstrate par lettres patentes en date à Saragosse, du mois de juin précédent.

La copie de ce procès-verbal est plus complète que celle qui se trouve à la page 243 du tome I du *Sup*·

(1) Dans sa *Biblioth. hérald.* (Paris, 1861, in-8o), M. Guigard cite, au no 112, un *Dialogue des devises d'armes et d'amour*, de M. Paul Jove, traduit de l'italien ; Lyon, 1581, in-4o.

plément aux *Trophées de Brabant de M. Butkens*, La Haye, 1726, in-f°.

A la suite, le copiste a ajouté : « Et par tant fin à cestuy acte, copié le xv° febvrier xv°xxv, aprez la paix cryée de l'empereur et roy de Franche, faicte à Tolledo et confermée à Madrid en Espagne, le xiij° de febvrier xv°xxv. » D'où il résulte que c'est en Espagne que ce procès-verbal a été copié dans notre manuscrit.

En tête du même f° 170 r°, il est écrit : « Pour *Jean de La Chapelle*. »

23°. « La devise des armes des chevaliers de la Table Ronde » (F°° 171 à 178 v°.)

On a ajouté, au bas du f° 178 v°, ʼdes dessins grossiers représentant les armes des villes d'Ath, de Mons et de Saint-Ghislain, et les « chapeaux » de prince, de comte (c'est une couronne à perles) et de duc.

24° et dernier. « Concordances faictes, a° 1527, sur le pourtrect d'ung anchien livre d'armoyrie recouvré en Tournay, lequel avoit esté composé a° 1389. » (F° 180.)

» Primes : Les roys et prinches xpiens [chrétiens].

» L'empereur de Constantinoble : De geulles à ung croix d'or à iiij fuzis d'or. Et sur ung aultre, escript à la main, f. a° 1456 : D'azur à ung lyon de geulles à iiij fuzis d'or. Et de p^nt a° 1527, le Turcq tient l'Empire. Par quoy poelt sambler que les empereurs de Constantinoble changoient, par cy devant, selon leur nom et leurs lignages.

» L'empereur de Rome porte comme en ce livre. »

Le manuscrit prend fin avec ces lignes :

« Les quatre princes de la xpienneté [chrétienté] :
le prince de la Morée , de Galles, de Trente et
d'Orenge portent ainsy que *mon livre vert* devise :
f° ccxxxix.

» Et generalement tous les ducz et comtes dudit
livre de Tournay sont assez parelz et comme sambla-
bles aux armes du *mien livre vert*, f°⁸ ccxlj, xlij, xliij.
Mais j'ay adjousté audit livre aulcuns que je n'ay
point. »

Que sont devenus l'armorial de 1389 et celui de
1456 ? ne doit-on pas aussi regretter celui que le
généalogiste de 1527 appelle « mon livre vert » ?

Le manuscrit héraldique de la Bibliothèque nationale, composé d'écritures différentes , depuis 1509
jusqu'en 1527, nous semble avoir appartenu à *Jean
de Cordes* dit *de La Chapelle*, écuyer, bailli de Lalaing
en 1506 (1), 1519 , etc. C'est très-probablement lui
qui, se disant âgé de 57 ans, y ajoutait , en 1526, la
copie des lettres patentes de collation d'armoiries
pour le chroniqueur Jean Molinet. (Voir 15₀.)

Il y avait en l'église des Wastines (châtellenie de
Douai), dans la chapelle à droite de la nef, une
« table » d'autel où était représenté un prêtre en
surplis, avec plusieurs fils derrière lui, « sa femme à
l'opposite » et plusieurs filles derrière elle ; c'étaient
les portraits de «Jehan de Cordes *dit* de La Chapelle,

(1) Son beau-père, Adrien de Hanteclocque , écuyer , mourut à
Lalaing, le 12 mars 1507, vieux style (Goethals , *Miroir*, II, p. 433).

escuyer, » de sa femme « damoiselle N........ de
Hauteclocques », morte le 14 avril 1530 et gisant en
l'église Saint-Pierre à Malines, et de leurs enfants.
L'inscription rappelait encore que ce gentilhomme
avait été « maître d'hotel à madame d'Escornais au
voyage de Savoye, et depuis bailly et receveur de
Lallaing, et maître d'hôtel à monsieur le comte de
Hoogstraete », et qu'enfin il passa « au service de
mons' de Rosimbos, chapelain, celebrant sa premiere
messe âgé de 63 ans. » (1) Ces dates et ces renseignements concordent parfaitement avec celles du manuscrit héraldique, dont l'auteur, né vers 1469, d'o-
rigine tournaisienne, servit plusieurs seigneurs de la
maison de Lalaing, se maria en 1497 avec Marie de
Hauteclocque (2) et finit par entrer dans les ordres.

Quant à *Loiset* (petit Louis) de Cordes, qui copiait,
en 1525, la pompe funèbre du seigneur de Fiennes
(voir 5°), c'est *Lois* de Cordes, qui devint possesseur
du manuscrit après Jean, son père, et qui, en 1528,
épousa Jeanne de Montmorency, bâtarde d'Ogier, seigneur des Wastines, mort en 1523 ; Du Chesne l'appelle : Louys de Cordes, seigneur de La Chapelle, fils
de Jean, aussi seigneur de La Chapelle, maître d'hôtel du comte d'Hoochstrate, et de Marie de Haufeclo-
que, sa femme (3). Ces de Cordes de La Chapelle
étaient de l'antique maison de Waudripont, dont les
armes et le cri de guerre sont enregistrés dans l'ancien armorial de Hainaut (voir 10°).

(1) Bibliothèque publique de Douai, Ms. 888, écrit. du XVIII°
siècle; Epitaphier de Malotau, I, p. 811.
(2) Goethals, *Miroir*, II, pp. 433-434.
(3) *Hist. généal. de la maison de Montmorency*, Paris, 1624,
in-4°, p. 337.

III.

LA LÉGENDE DU BLASON DE LALAING

Mise en prose, vers 1566.

« La genealogie de la noble maison de Lalaing.

» L'an de grace xj cens et xxv, du temps de l'empereur Lothaire, ij⁰ de ce nom et duc de Saxe, regnant en France Loys le Groz, xxiiij⁰ roy des Franchois, fut ung sᵉʳ de Lalaing, lequel seruit ledit empereur Lothaire en pluiˢʳˢ guerres et conquestes, esquelles ledit sᵉʳ de Lalaing aquist se bon bruict et renommée, que ledit empereur l'eult fort en grace, et luy fist grands biens, le mariant à une noble damme d'Allemaingne, laquelle l'amenat à sa maison de Lalaing, après le trespas dudit empereur. Ce sᵉʳ de Lalaing estoit homme robuste et fort renommé, mais assé chice et auaricieux, se maintienant selon la rustrie d'Allemaingne, où il auoit prins sa noriture. Mais sa femme estoit deuote, vertueuse et grande aulmosniere, et faisoit ses aulmosnes secretement, sans le seu de son mary.

» Aduient ung jour, entre le Noël et le nouuel ans, que ladite damme, apres estre leuée de la table, portoit en son giron à mengier, pour donner aux pouures estant à la porte de son logis, attendant

quelq° aulmosñe, comme est encore la coustume au
bonnes maisons. Laquelle fut apperceute de son mary,
et vollut sçauoir ce qu'elle portoit, et combien que la
damme faindoit le point ouyr , si es ce qu'elle fut
contrainte de respondre à son mary, disant que c'estoit *cuquelins paste* qu'elle portoit pour estriner
aulcunes de ses bourgeoises. Lors ouurant son giron,
par la volunté de Dieu ce qu'elle portoit fut changé
en *cuquelins blancs*. Ayant la bonne damme apper-
ceut ce miracle, commenchat à conter à son mary la
chose comme elle alloit. Alors ledit s$_{gr}$, implorant la
grace de Dieu et demandant pardon de ses pechès ,
delaissa ses armes et print *œ lozenges blances*, pour
ses armes, *en champs de gueulle*, pour ce que la
femme auoit une robbe d'escarlatte, quand ce miracle
aduient.

» Et ont tous ses successeurs depuis porté les
meismes armes jusques aujourd'huy. Et par succession de temps, de cestuy descendit un*g* s*r* de Lalaing,
lequel fut allié à la fille de Sarebruce , dont en eult
ung filz nommé *Simon*. »

Ceci est tiré d'un manuscrit qui semble avoir été
confectionné vers 1566 pour la maison de Croy, étroite-
ment unie, en ce temps-là, à celle de Lalaing.
Cette œuvre généalogique, ornée de 167 blasons coloriés, se divise en deux parties, la première, de beaucoup la plus importante, contenant la généalogie de
Croy (f°s 1 à 14 r°), et l'autre, la généalogie de Lalaing (f°s 14 v° à 19 r°).

Ce curieux manuscrit, de dix-neuf feuillets en papier, petit in-f°, appartenait, vers 1753, à M° Perdu, avocat à Tournai, grand amateur de recherches généalogiques ; il est passé, par succession, dans le cabinet de M. Alexandre Favier (de Cantin), qui a bien voulu nous le communiquer.

L'auteur n'a guère fait que mettre en prose une partie de l'œuvre versifiée par Luxembourg le héraut, environ soixante ans auparavant ; toutefois il a saisi l'occasion de montrer qu'il n'aimait pas les Allemands : le chevalier, dit-il, était *se maintenant selon la rustrie d'Allemaingne, où il avoit prins sa noriture ;* tandis que Luxembourg avait seulement constaté qu'il avait les défauts de l'homme « fréquentant la ruttrye », c'est-à-dire s'adonnant au métier des armes. Notre auteur, héraut d'armes assurément, n'avait sans doute pas à se louer des procédés des seigneurs allemands qui fréquentaient la cour de Bruxelles.

Nous serions assez tenté d'attribuer ce manuscrit à Jacques LeBoucq, lieutenant-Toison d'or, qui précisément confectionna à Valenciennes, en 1566, un grand tableau généalogique des descendances masculines et féminines de la maison de Lalaing ; ce tableau, de 2ᵐ 70ᶜ de longueur sur 0ᵐ 87ᶜ de hauteur, orné de 327 blasons coloriés, appartenait vers 1860 à la comtesse de Cossé, née de Sainte-Aldegonde (1).

(1) Communication due à l'obligeance de M. Preux, de Douai, procureur général à Riom, et de M. Boca, archiviste départemental à Amiens.

IV.

VÉRITABLE ORIGINE DU BLASON

De Lalaing.

Quelque ingénieuse que soit la fiction poétique des
« dix cucquelins d'argent » apparaissant par miracle
sur une « robe d'escarlate », et quoiqu'un généalogiste du XVIe siècle n'ait pas craint de l'adopter sans
indiquer le créateur fantaisiste , s'en faisant ainsi
l'éditeur responsable , nous sommes contraint de
chercher ailleurs la véritable origine du blason de
Lalaing, et c'est la science sigillographique que nous
interrogerons.

Depuis le XVIe siècle jusqu'à nos jours, on a bla-
sonné les armes de Lalaing de la manière suivante :
De gueules à dix losanges *accolées* d'argent, posées
3, 3, 3, 1 ; des centaines de monuments peints, gra-
vés, dessinés, confirment l'exactitude de cette description héraldique. Le *facies* de ces armoiries, surtout quand le dessin est de petite dimension, ressem-
ble beaucoup à *un losangé*, c'est-à-dire à un écu couvert tout entier de losanges sans nombre, sortes d'armoiries qui ont été adoptées par beaucoup de très-
anciennes familles, remontant à une époque où l'on

a pu choisir, comme « meubles » de l'écu, ce qui devait réellement consolider l'armure défensive que le combattant portait au bras gauche. Néanmoins un œil exercé se gardera bien de confondre un losangé avec l'écu aux dix losanges comme ont porté nos Lalaing, ainsi que plusieurs autres familles anciennes ; ce n'est donc pas le losangé qui a donné naissance au blason de cette illustre maison. Mais celle-ci a-t-elle toujours porté comme au XVIe siècle et depuis lors ? c'est ce qu'il importe de savoir, pour arriver à une solution satisfaisante de la question que nous avons soulevée. A cet égard, aucun témoignage ne sera plus précieux que celui des monuments sigillographiques.

Ceux-ci sont très-nombreux pour les Lalaing, puisque, entre les années 1242 et 1457, nous avons relevé plus de vingt sceaux de cette famille ; et même les archives de l'abbaye de Marchiennes, reposant maintenant au dépôt central à Lille, ont possédé un sceau de 1219, qui était celui de *Nicolas* 1er, sire de Lalaing ; malheureusement il a été enlevé, comme en témoigne la coupure faite aux attaches de soie qui le retenaient (1). Ce n'est qu'en les examinant tous, que nous pourrons proposer une solution.

(1) Existait-il encore en 1770, quand dom Queinsert travaillait aux archives de l'abbaye de Marchiennes ? L'œuvre de ce bénédictin, conservée dans la collection Moreau, ne nous a point renseigné à cet égard : le 20 décembre 1770, copiant la charte de Nicolas de Lalaing, de l'an 1219, il la tirait d'un cartulaire et déclarait que l'original était perdu (vol. 126, fo 61). On sait que dom Queinsert non-seulement copiait les chartes, mais qu'aussi il en dessinait les sceaux.

En 1242, *Simon* II, sire de Lalaing, portait les dix losanges *non accolées*, posées 3, 3, 3, 1 (1). Ses deux fils ont porté de même, savoir : le cadet, *Simon* de Lalaing, en 1268 (2), et encore en 1289 et 1295, d'après un nouveau sceau (3).; et l'aîné, *Nicolas* II, sire de Lalaing, en 1269 et 1274 (4). Mêmes armes pour deux des petits-fils de Simon II, savoir : *Simon* III, sire de Lalaing, écuyer en 1296, le 23 septembre, lorsqu'il fait hommage à l'abbé d'Anchin, et encore en 1309, lorsqu'il était devenu chevalier (5) ; et *Jean* de Lalaing, sire de Semeries, en 1300 (6). Voilà pour le XIII° siècle, pendant lequel les seigneurs ont des sceaux armoriaux (7), ronds et d'assez grande dimension, où l'écu apparaît très-distinctement, vu qu'il occupe à lui seul toute la place, sauf le bord extérieur, réservé à la légende.

Au siècle suivant, non-seulement les sceaux se rapetissent, mais une foule d'ornements, trilobes, timbre, supports, viennent diminuer l'espace autrefois

(1) Cf. Demay, *Invent. des sceaux de la Flandre*, Paris, impr. nation., 1873, in-4, I, n° 1170.

(2) Id., n° 1171.

(3) Archives départ., fonds d'Anchin et chambre des comptes, carton 368.

(4) Cf. Demay, *Sceaux de la Flandre*, n° 1166, et *Invent. des sceaux de l'Artois*, Paris, imprim. nation., 1877, in-4°, n° 390.

(5) Cf. Demay, *Sceaux de la Flandre*, n° 1172.

(6) Id., n° 1601.

(7) Même à cette époque où les sceaux équestres ne sont pas rares, les Lalaing ne semblent point en avoir fait usage. En ce temps-là, les de Ligne, les Roisin, les Berlaymont, les de Gavre, les Wavrin et bien d'autres anciennes maisons du pays usaient fréquemment du type équestre, attribut réservé aux grands seigneurs.—Voir les ouvrages cités de M. l'archiviste Demay.

abandonné à l'écu, de manière que ce dernier est souvent tellement petit que c'est avec peine qu'on y distingue le blason. Sous l'influence de cette mode, les armes de Lalaing semblent se modifier : les dix losanges apparaissent posées en trois pals, le 1er pal, de trois losanges aboutées, le 2e de quatre, le 3e de trois.

Cette nouvelle disposition se remarque dans les sceaux suivants : celui de *Pierre* de Lalaing *dit* Piercheval, sire de Semeries, en 1323 (1); celui de *Nicolas* III, sire de Lalaing, en 1346 (2); celui de *Simon* de Lalaing, en 1347, et ceux du même Simon, devenu sire de Hordaing, en 1374, puis sire de Quiévrain, en 1384 (3); et celui de *Nicolas* IV, sire de Lalaing, en 1380 (4).

Toutefois, en 1369, *Baudwin* de Lalaing (5), qui appartenait à une branche peu connue, celle de Lesdaing, demeurait fidèle à l'ancien blason et conservait les dix losanges *non accolées*.

Le XVe siècle, n'apporte point tout d'abord de changement appréciable. En 1427, *Guillaume* de Lalaing, chevalier, seigneur de Hordaing, du Marès, etc., conserve, dans son écartelé de Lalaing et de Quiévrain, la disposition des losanges en trois pals (6);

(1) Cf. Demay, *Sceaux de la Flandre*, no 1603.

(2) Id., n° 1167.

(3) Id., n° 1173. — Archives départ., chambre des comptes, carton B 849, pièce no 10618. — Cf. Douët d'Arcq, *Collection de sceaux*, Paris, 1868, in-4°, III, no 10683.

(4) Cf. Demay, no 1168.

(5) Id., no 1163.

(6) Id., n° 1164.

celle-ci est un peu moins accusée sur le sceau aux armes pleines d'*Otte*, sire de Lalaing, en 1428, où les losanges tendent à devenir *accolées* (1), ainsi que pour le premier sceau de son fils aîné *Guillaume*, seigneur de Bugnicourt, en 1428 (2); mais sur le second sceau, aux armes pleines, de Guillaume, devenu sire de Lalaing, en 1457 (3), où l'écu est d'assez grande dimension, les dix losanges sont parfaitement *accolées* à la façon moderne du blason de Lalaing. Au contraire, sur le sceau d'un frère cadet de Guillaume, *Simon* de Lalaing, en 1428 (4), ainsi que sur le sceau et le contre-sceau d'un fils de Guillaume, *Jean* de Lalaing, prévôt de l'église de Saint-Amé de Douai en 1438 (5), il y a une tendance à conserver la disposition des losanges en trois pals.

Dès le début du XVIe siècle, le blason de Lalaing, définitivement fixé, échappe aux variations signalées plus haut, variations dont les artistes graveurs doivent être responsables, en partie du moins ; les dix losanges accolées sont très-nettes sur les sceaux de *Sidrach* de Lalaing, prévôt de Saint-Pierre de Douai, en 1509 (6), de son frère *Artus* de Lalaing, sénéchal d'Ostrevant, en 1513 (7), de *Charles* Ier ; baron de Lalaing, en 1521 (8), et de *Charles* II, comte de La-

(1) Id., n° 1160.
(2) Id., n° 1165.
(3) Cf. Douët d'Arcq, n° 10119.
(4) Cf. Demay, n° 1174.
(5) Id., n° 6271.
(6) Id., n° 6275.
(7) Archives départ., fonds de l'abbaye de Marchiennes,
(8) Cf. Demay, n° 1162.

laing, 1547-1554 (1) ; on les trouve également sur le
sceau d'*Anne* de Lalaing , douairière de Maingoval ,
en 1553 (2), où l'écu en losange est parti de Lannoy
et de Lalaing.

Il ressort donc de cette étude que le blason de Lalaing a eu d'abord ses dix losanges *non accolées* ,
et cela dans un temps où le bouclier jouait un grand
rôle comme arme défensive ; que plus tard, ces losanges ont été posées en trois pals, celui du milieu, de
quatre losanges aboutées, les deux autres, de trois
chacun ; et que, vers la fin du XV° siècle, les dix losanges *accolées* furent définitivement adoptées par les
membres de cette maison devenue alors l'une des
premières du pays.

Quant à l'origine des dix losanges *non accolées*
d'argent, on peut tout naturellement la rencontrer
dans la préoccupation qu'eut un seigneur, vers la fin
du XII° siècle ou le commencement du XIII°, d'assurer la solidité de son bouclier recouvert de peau ou
d'étoffe rouge ; est-ce que la forme et la disposition de
ces losanges, indépendamment de la question artistique que nos preux ne négligeaient pas autant qu'on
affecte de le croire, de même que le lion rampant, le
léopard, l'aigle, les chevrons, le fretté, la bande etc ,
n'étaient pas propres à amortir les coups et à aug-
menter l'importance de l'arme défensive par excel-
lence ? Enfin la forme du vieux bouclier, pointu dans
le bas, explique l'existence, en cet endroit, de la
dixième losange.

(1) Id., no 5021.
(2) Id., no 1161.

4.

C'est un fait incontestable que bien d'autres familles d'origine chevaleresque avaient aussi adopté les dix losanges, soit *non accolées*, soit *en trois pals*. En 1237, l'un des chevaliers du comté de Flandre appelés à jurer le traité conclu entre le roi et le comte, « Ansellus *de Alesnes* » ou *d'Allennes*, porte les dix losanges (1) Nous avons trouvé, aux Archives départementales, dans le fonds de l'abbaye des Prés de Douai, le fragment du sceau de « Pieres *de Cambrai*, chevaliers, manans à Oupi », en 1295, héritier de Jean *de Cambrai* ; on y retrouve les losanges non accolées. L'antique maison *de Croisilles*, de même que la famille *d'Esne* (anciennement *d'Aisne*), qui en descend (2), avait les dix losanges (3). Le seigneur *de*

---

(1) Douët d'Arcq, I, no 1147.

(2) En 1319, le chevalier Jean de Croisilles et Marguerite, sa femme, tenaient de l'évêque de Cambrai un fief à *Aisne* (Arch. départ., fonds de l'abbaye de S. Aubert, charte de l'évêque Jean). Le chevalier *Alardus de Aysne* qui conclut, en août 12 7, avec *Gerardus de Landast, dominus de Aynes*, une convention pour leurs seigneuries respectives situées *in villa de Aisne*, est appelé *dominus Alardus de Crosilles, miles*, dans une charte de J., abbé de S. Aubert, de mars 1238 (Arch. départ., fonds de S. Aubert). En 1166, sur son sceau, il se nomme Alard de Croisilles, sire *de Aisne* (Demay, *Sceaux de la Flandre*, no 719).

Dans l'ancien armorial de Hainaut précité, fo 130 vo, on lit : « Le sr d'Aisne : De sable aux lozenghes d'argent en pel. Et crye : Croissilles ! »

(3) M. Dancoisne, dans ses *Recherches historiques sur Hénin-Liétard*, Douai, 1847, in-4o, à la planche de la p. 232, reproduit le sceau du chevalier Renaud de Croisilles, sire de Cans, en 1214 : les dix losanges y sont nettement en trois pals. — Cf. Demay, *Sceaux de l'Artois*, no 277.

Les sceaux d'Alard, sire de Croisilles, et de Renaud, son frère, en 1211, sont indiqués, par M. Douët d'Arcq, nos 1969 et 1970, comme représentant un *losangé*.

Chauny (ou *Cauny*) en Vermandois les portait aussi (1). Dom Queinsert a vu, dans les archives de l'abbaye de Saint-Amand, peu d'années avant la Révolution, le sceau de « Jehans, sire *de Haudion* », chevalier, appendu à une charte de 1283 ; il était également aux dix losanges (2). En 1238, Bauduin *de Novirala* (*Neuvireuil*), dont le sceau est à dix losanges en trois pals, abandonne à l'abbaye de Vaucelle son droit sur un fief à « Ribercourt » et ratifie les donations qu'avait faites autrefois sa tante Mathilde, veuve de Regnier *de Larbrisseau* (3). Le chevalier Nicolas *de Pontruel*, fils de feu messire Thomas *de Pontruel*, en 1230, et Jean *de Pontruel*, chevalier, témoin, en 1260, d'une donation faite à l'évêque de Noyon, ont les dix losanges (4). Jean, sire *de Villers-au-Flos*, en 1267, Gilles *de Villers*, chevalier, sire de Lambres-lez-Douai, et son fils Gilles *de Villers*, écuyer, en 1331, ont aussi les dix losanges (5) ; nous avons remarqué que Carpentier,

(1) Ms. précité, Fr. no 5239 de la Bibl. nation., fo 86 vo : Traité du blason d'armes.

Cette famille portait le nom de *Firment*.

Cf. Douët d'Arcq, I, no 2185, et Demay, *Sceaux de l'Artois*, no 305 et *Sceaux de la Picardie*, no 214.

(2) Bibl. nation., collection Moreau, v l. 206, fo 148.

Il y a de grandes probabilités pour que la famille de Haudion descende de la maison de Lalaing.

(3) Arch. départ., fonds du chapitre Saint-Amé de Douai. — Cf. Demay, no 1393.

(4) Douët d'Arcq, II, nos 3281 et 3270.

(5) Demay, *Sceaux de la Flandre*, nos 1714, 1711 et 1712, et *Sceaux de l'Artois*, no 666.

dans son *Histoire de Cambray* (II, page 1063), attribue à une famille *de Villers-de-Saulx* (*sic*) des armoiries : De sable à dix losanges d'or. Villers-au-Flos est un village de l'Artois, près de Bapaume. En 1229, « *Bernardus miles de Waneberchies* » (Wambrechies), portant les dix losanges non accolées, autorise, comme sire, avec sa femme Marie, une donation faite à l'abbaye de Loos par son frère consanguin Daniel, clerc (*Danihel clericus, dilectus germanus meus*), dont la mère et le frère reposaient dans le cimetière de l'abbaye ; concession faite, dit le pieux chevalier, *pro amore quo predictam ecclesiam diligebam* (1). Enfin dom Queinsert a vu, dans les archives de l'abbaye de Vicogne, le sceau du chevalier Jean, sire *de Wasnes*, en 1272, à dix losanges non accolées (2).

Voici encore un « écu à dix losanges, 3,3,3,1 ; chaque losange chargée d'un objet indistinct » ; c'est ce que porte sur son sceau, en 1237, un chevalier gantois, Wetin *de La Haverie* (3).

Autrefois on se plaisait, nous le savons, à attribuer la même origine à des familles distinctes, par cela seul qu'elles avaient des blasons assez semb'ables, et, faute de pouvoir le prouver, on imaginait, par

(1) Archives départ., fonds de l'abbaye de Loos. — Cf. Demay, *Sceaux de la Flandre*, n° 1765.

En 1212, Pierre de *Weneberchies* figure, avec d'autres gentilshommes lillois, comme vassal de la comtesse douairière Mahaut dite *Regina* (fonds de l'abbaye de Loos).

(2) Bibl. nation., collection Moreau, vol. 197, f° 23.

Ce seigneur de Wasnes paraît appartenir à la maison de Laluing.

(3) Douët d'Arcq, I, n° 2383.

exemple, comme l'ont fait Carpentier ou ses prédécesseurs, les Gelic, les Franchomme, les Leleu
etc. (1), un seigneur qui « florissoit » du temps de
l'évêque de Cambrai Liébert (1049-1076), et qu'on
désignait ainsi, pour les besoins de la cause :
« Amaury, s^r de *Croisilles*, de Fontaine, de Fles-
quiers, de Marquion, de Sauchy, de *Lalain*, de Mau-
court, de Caudebronne, de *Vilers*, de Gouy, de *Haudion*, de Dadizeelle, de *Semeries*, de Forvies, de Revel
et d'autres riches terres. » Cette façon de trancher
les questions généalogiques n'étant plus en faveur,
nous ne nous y arrêterons pas davantage, et nous
continuerons de considérer comme étrangères à la
maison de Lalaing celles de Croisilles en Artois, Fla-
ment de Cany en Vermandois, de Pontruel et d'autres
encore, malgré une similitude d'armoiries.

(1) Carpentier, *Hist. de Cambray.* Leyde. 1664, in-1o, II, p. 460.

V.

VÉRITABLE ORIGINE DE LA MAISON

de *Lalaing.*

Après ces recherches et ces données nouvelles sur son blason, il nous a paru utile de publier ce que nous avons découvert touchant l'origine de cette ancienne et illustre maison.

Son cri d'armes aurait été : *Croisilles* ! selon Carpentier et d'autres généalogistes (1), qui s'évertuaient à imaginer des semblants de preuves, afin de corroborer une communauté d'origine hypothétique ; contrairement à leur affirmation, c'était son nom que criait déjà, en 1290, *Simon* ou *Simars* de Lalaing, au tournoi de Chauvancy (2).

(1) *Histoire de Cambrai*, II, p. 712.

(2) *Les Tournois de Chauvanci*, par Jacques Bretex, 1285 ; Valenciennes, Prignet, 1835, in-8o ; vers 3634, 4081-3 et 4095.

La date de 1285, donnée par l'éditeur H. Delmotte, est inexacte ; aux vers 25 et 26, au lieu de :

> « M ce et quatre vins
> » Et V. . . . . . .

Il faut lire :

> . . . .
> » Et X. . . . . .

En effet, Bretex raconte (vers 396-8) que le tournoi commença le dimanche 1er octobre : or, en 1285, le 1er octobre tombait un lundi. Pour remplacer la date fautive de 1285, on ne peut hésiter entre les années 1284 et 1290, attendu que *quatre* ne ferait pas le vers tandis que *dix* le fait.

En 1509 lorsque Luxembourg le héraut composait
sa fiction poétique en l'honneur des deux jeunes seigneurs *François* et *Jacques* de Lalaing, comme
c'étaient des princes d'origine germanique qui domi-
naient dans les Pays-Bas, il devait être agréable à des
courtisans de s'entendre dire que leurs ancêtres
avaient déjà brillé à la cour des empereurs d'*Allemagne*; aussi, quelque invraisemblable qu'aurait dû
paraître l'accointance du saxon Lothaire II (empereur
de 1125 à 1137) avec le seigneur d'un village situé à
une si grande distance de la Saxe, cette flatterie ne
manqua pas de réussir, d'autant plus qu'à l'honneur
d'avoir guerroyé pour l'Empire au XII. siècle, s'ajoutait encore le prestige d'une alliance conclue, dans le
même temps, avec une princesse allemande,

« Fille de comte et très puissant seigneur ».

Aussi, soixante plus tard, considérait-on cela comme
un fait acquis, et le transcrivait-on dans « La Généalogie de la noble maison de Lalaing », ainsi que nous
l'avons vu précédemment. Du reste, la maison d'Autriche était encore alors, et plus que jamais, l'arbitre
des destinées des Pays-Bas, et la séparation d'avec la
France paraissait définitive.

Pour bien des familles d'origine chevaleresque,
même pour celles qui se sont élevées plus haut encore
que nos Lalaing, les années du XII° siècle seraient
des ténèbres qu'il faudrait renoncer à percer, sans le
secours des archives ecclésiastiques, souvent plus riches que le trésor des chartes d'un souverain; les

archives de l'abbaye d'Anchin notamment seront
pour nous fertiles en révélations.

Vers 1168, *Gérard de Lalen*, sa femme et ses enfants donnent à cette abbaye, avec l'autorisation du
comte de Hainaut, le sol à travers lequel on amènera
à Anchin l'eau du ruisseau dit le « Bais », et même
de l'eau de la rivière appelée « Scarp », si celle-ci
est nécessaire à l'abbaye. En 1168, à Lille, en la
maison du châtelain, *Gérard* de *Foresta*, sa femme
et ses fils donnent à l'abbaye, avec l'autorisation du
comte de Flandre, un cours d'eau qui naît dans la
terre de ce comte. En 1170, à Arras, *Gérard* de
Lalein et Adhelide, sa femme, renouvellent, devant
l'évêque, le don d'un cours d'eau au profit de l'abbaye, lequel don avait été autorisé par les comtes
de Flandre et de Hainaut ; cette libéralité ayant déjà
été reconnue devant l'archidiacre Frumaut, à Anchin, par lesdits époux et leurs fils Simon, Ansel,
Etienne, Nicolas et Gérard. (*Preuves*, nᵒˢ I à III.)

Gérard de Lalaing, vassal du comte de Hainaut, et
Gérard de Forest, vassal du comte de Flandre, ne
forment donc qu'un seul personnage, que nous re-
trouverons dans d'autres chartes des comtes de
Flandre et de Hainaut.

En 1157, *Simon* et *Ansel*, fils de *Gérard* de Forest,
approuvent, en qualité de parents d'Amand de
« Douen », une cession de terre à « Masten », faite
par ledit Amand à l'abbaye de Marchiennes. Le renseignement est tiré d'une charte du comte de Hainaut, reposant dans le fonds de cette abbaye, aux
Archives départementales.

En 1164, à Saint Amand, *Gérard* de Forest est témoin de la charte du comte de Flandre relative à la loi criminelle de Saint-Amand (1). En 1166 (vieux style), le 13 février, à Lille, il est témoin de la charte du même comte, concernant l'avoué de Marchiennes.

Une charte du comte de Flandre Thierry (2), datée d'Arras; en 1154, est intéressante au sujet de la parenté de *Gérard* de *Foriest*, qui y est qualifié oncle maternel (*avunculus*) d'Etienne, prévôt héréditaire (*ministerialis*) de la ville de Saint-Amand et homme lige de l'abbé, lequel Etienne était petit-fils du prévôt *Almannus*, vivant en 1116 ; les parents du prévôt Etienne y sont indiqués dans l'ordre suivant : *Gerardus de Foriest, avunculus Stephani, Amulricus de Landast, Almannus Bruns, patruus Stephani, Almannus de Thuns, cognatus Stephani, Alulfus de Remelgiis.*

Le seigneur Gérard est donc appelé le plus ordinairement Gérard de Forest, du nom de son fief patrimonial, qu'il tenait du comte de Flandre, et quelquefois Gérard de Lalaing, à cause d'un fief situé en Ostrevant et entré plus récemment, semble-t-il, dans sa famille. Quant à sa seigneurie de Forest, nous la trouvons près de Lille, au nord de la route de cette ville à Tournai. Ce n'était donc ni à Croisilles, ni même à Lalaing, qu'il fallait chercher le berceau de l'illustre maison de Lalaing, mais dans la châtellenie de Lille, à Forest, humble village, qui longtemps

(1) Bibl. nation., collection Moreau, vol. 74, fos 70 et 72 ; copie t rée d'un cartul. de l'abbaye de St-Amand, fos 96 vo et 97.

(2) Archives départ., *Liber albus S. Amandi* ou cartul. de l'abbaye de Saint-Amand, fo 17 vo.

dépendit de la paroisse d'Ascq, au diocèse de Tournai.
Voilà ce que nous révèlent les chartes d'Anchin.

Ce n'est pas tout : grâce à elles, nous pourrons pé-
nétrer jusqu'au XIe siècle, barrière presque infran-
chissable pour les généalogistes, et reconnaître comme
nôtre un « chevalier très noble », de la suite d'Evrard
de Mortagne, châtelain de Tournai, le puissant vassal
du comte de Flandre ; on le nommait *Gossuin* de Forest ; il fut, en 1095, à Tournai, la cause involon-
taire d'une catastrophe analogue à celle qui fit périr,
en 1559, notre roi Henri II de la main de l'anglais
Mongonmery ; car, moins heureux que ses descendants, qui devaient trouver la gloire et la fortune
dans les luttes chevaleresques, il eut la mauvaise
chance de tuer le jeune comte Henri de Bruxelles,
prince dont les successeurs portèrent aussi les titres
de comte de Louvain et de duc de Lothier, avant d'a-
dopter celui de duc de Brabant. Le récit de cet événement se trouve tout au long dans des chroniques
du XIIe siècle ; nous le reproduisons ici, d'après une
traduction wallonne faite au siècle suivant (1).

« Henris, quens de Broussiele, com il eust oï
Everart, castelain de Tournai, avoir aveukes lui chevaliers tres nobles (*strenuissimi milites*), il vint à Tournai pour veir le hardieche de chiaus. Et cum ichil issit
un jour aveuc eaus, ichieus esleechans jovenement de
se forche (*de fortitudine sua juveniliter exultans*),
pria un Gosseghin (*Gosceguinus*) de Forest, ke ichi!

---

(1) De Smet, *Recueil des chroniques de Flandre*, Bruxelles,
1837-1841, in-4°, I, p. 66, et II, p. 47.

venist seus contre lui seult, se lanche mise encontre
(*ut opposita acie solus contra se solum veniret*).
Chius respondi kil ni verroit mie, car il estoit ses
sires (1), et cremoit kil ne le blechast par aventure.
Mais li quens, esmouvans ichelui de rekief et ape-
lans jà ichelui peuereus et precheus (*timidus et
ignavus*), estorst, par sen grant anui, ke il venist
contre lui. En le parfin, li chevaliers, escoumus par
le monition d'ichelui, leva se lanche, et le keval
hurté forment des esporous, il courut encontre lui,
et li chevaliers, veullans ichelui abatre du cheval
par jeu de chevalerie, ficha ichelui le *lanche* ou cuer
et tua ichelui sans demouranche. Chelui ochis sans
lingnié, par si grant legierté ou sotie. »

Ne semble-t-il pas que, sauf les noms des personnages, ce soit là un récit anticipé de la funeste aventure qui devait arriver, cinq siècles et demi plus tard,
à Henri II et à Mongonmery? L'histoire ne fait pas
mentir le proverbe : *Nihil sub sole novs.*

(1) Henri, comte de Louvain, était l'époux de Gertrude de Flandre, sœur du comte Robert II. Sa veuve se remaria avec Thierry,
duc de Lorraine ; d'ou vint Thierry, comte de Flandre en 1128.
La maison d'Alsace-Lorraine fut donc redevable de la couronne
comtale de Flandre au chevalier Gossuin de Forest.

VI

CATALOGUE DES NOBLES DU NOM

de Lalaing.

Une foule d'imprimés et de manuscrits contiennent d'anciens essais généalogiques plus ou moins heureux sur la maison de Lalaing. De nos jours, feu M. Goethals, le généalogiste bruxellois, a publié dans son *Miroir* (Bruxelles, 1862, in-4°, II, pages 491-520), ainsi que dans son *Dictionnaire* (Bruxelles, 1850, in-4°, III, sans pagination : Hornes et Lalaing), une généalogie dressée d'après des titres, dont un grand nombre avaient été inconnus à ses prédécesseurs.

M. Brassart père, secrétaire des hospices de Douai et archiviste de la Société d'agriculture, des sciences et arts, trouva, dans les archives communales de Lalaing, dont il dressa l'inventaire en 1847, ainsi que dans les archives seigneuriales reposant alors au château, des documents anciens où figuraient plusieurs membres de la maison de Lalaing. Combinés avec une généalogie transcrite dans le volumineux recueil généalogique de Marotau de Villerode (1), ces

(1) Bibl. publique de Douai, Ms. 591, XVII° siècle, vol. 10, f°° 167 à 199.

6.

documents servirent à composer la *Notice historique*
imprimée dans les *Mémoires* de notre société acadé-
mique (Douai, 1847, in-8°, 1re série, XII, pages
251-377) et tirée à part, ainsi que la seconde édition
parue en 1854.

De nouvelles recherches ont été poursuivies depuis
lors, en vue d'une troisième édition, qui serait l' « Histoire généalogique de la maison de Lalaing », œuvre
de longue haleine, qui devrait comprendre aussi des
notices biographiques sur les nombreux personnages
de cette race antique, qui se sont distingués surtout
depuis le XV° siècle ; des renseignements sur les prin-
cipaux fiefs et seigneuries possédés par cette famille ;
un épitaphier ; une iconographie etc., etc.

Comme base fondamentale de ce nouvel édifice,
nous avons dressé le catalogue méthodique de tous
les personnages que nous savons appartenir à la maison de Lalaing. Afin de ne pas grossir inutilement
notre œuvre, nous éviterons de répéter tout ce qui se
trouve un peu partout ; aussi ne sera-ce qu'une
courte nomenclature pour les degrés très-connus,
tandis qu'au contraire, pour les autres, nous donne-
rons quelques développements. La part de l'inédit ne
sera pas sans valeur, attendu que nous ferons surgir
jusqu'à *une centaine de nouveaux noms* qui n'ont
pas figuré jusqu'ici dans les généalogies imprimées de
cette illustre maison ; quant aux rectifications, elles
seront beaucoup plus nombreuses encore.

Nous avons prouvé précédemment que le berceau
de cette famille est à Forest, près de Lille, dans la
partie wallonne ou française du comté de Flandre.

En 1095, vivait le chevalier *Gossuin* de Forest, qui eut le malheur de tuer, à Tournai, le comte Henri de Bruxelles, beau-frère de son seigneur le comte de Flandre : c'est le plus ancien membre connu de cette vaillante race.

La généalogie doit, dans l'état actuel de nos recherches, commencer par les degrés suivants.

Branche aînée.

I. N........ .. (peut-être Gossuin, le chevalier de l'an 1095) de Forest, époux de N... DE N... Dont :

    1° Gérard, qui suit.

    2° *Hugues.* En 1128 ou 1129 , la princesse Clémence de Bourgogne , comtesse douairière de Flandre et duchesse douairière de Lothier (*ego Clementia, comitissa Flandrie et ducissa Lotharingie*), du consentement du comte Thierry (*assensu venerabilis Theoderici, comitis Flandrie*), fit une donation à une chapelle de Notre-Dame, située près de Courtrai et dépendant de l'abbaye de Saint-Amand ; voici comment sont indiqués les témoins de cette charte : « *S. Rogeri castellani. S. Balduini* de Odengem. *S. Radulphi* de *Rumbeca. S. Roberti Veineti. S. Herimanni Clave. S. Thome. S.* Gerardi de Forest. *S.* Hugonis, *fratris ejus. S. Theobaldi* de *Vatinis. S. Ursderi de Lonna* » (1).

(1) Archives départ., *Liber albus* de St-Amand , XIII° siècle, fo iiij xx xix, pièce cotée cxviij et 130.—Cf. Sanderus, *Flandria illustrata,* La Haye, 1732, in-folio; III, pp. 14-15.

II. GÉRARD I de Forest, en 1128 vassal du comté de Flandre, époux de dame N..... DE N.... Dont :

    1o Gérard, qui suit.

    2° *N.....*de Forest, épouse de N...... DE SAINT-AMAND, fils d'*Almannus,* prévôt de Saint-Amand en 1116. D'où Étienne, prévôt de Saint-Amand en 1154.

III. GÉRARD II de Forest et de Lalaing, époux d'Adhelide. Il vivait en 1154, 1173. Peut-être était-ce sa mère qui avait apporté la seigneurie de Lalaing, assise au comté d'Ostrevant, avec un château-fort sur la Scarpe, mentionné en 1184 et qui remontait probablement à la fin du IX siècle ou au commencement du X°, de même que les châteaux de Rache et de Warlaing, élevés aussi pour la défense de cette rivière.

Après *Gérard* II, les fiefs de Forest et de Lalaing ne restèrent plus dans les mêmes mains : Lalaing, le plus important sans doute, échut au fils aîné, et Forest au second.

On connaît les noms de ses fils :

    1° Simon, qui suit.

    2° *Ansel* de Forest. En 1173, il est témoin d'une charte d'Hugues *d'Oisy*, châtelain de Cambrai, concernant la cession faite à l'abbaye d'Anchin, par le seigneur de Montigny, d'une partie de son bois. En 1178, il est témoin d'une charte du comte de Hainaut autorisant un échange entre la même abbaye et *Simon* de Lalaing, son frère. En 1180 (vieux style), le 1er avril, à Valenciennes, son frère et lui sont témoins d'une charte du comte de Hainaut, en faveur de l'abbaye de Marchiennes, qui avait obtenu la restitution de la dîme d'Aniche.

Il paraît avoir eu un fils, *Hugues* de Forest, chevalier, en 1197 témoin d'une charte de Mahaut, dite *Regina*, comtesse douairière de Flandre, au sujet d'une contestation entre Urson *de Fretin* et l'abbaye de Loos, sur leurs sujets de « Formestraus ». Voici les noms des témoins, tous lillois : « *Johannes, Insulensis castellanus, Petrus de Mennilio, Robertus* de Sengin, *Gerardus* de Avelin, Hugo de Forest, *Rogerus de Pla...*, *Theodericus* de Martinsart, *milites. Johannes* F...lart, *Balduinus*, *filius Roberti* de Anstain, *Henricus* Troleit, *burgenses Insulenses.* »

3° *Étienne*.

4° *Nicolas*.

5° *Gérard*.

Avant d'abandonner la seigneurie de Forest, berceau des Lalaing, nous ferons remarquer que, dans des chartes de l'abbaye du Château-lez-Mortagne (reposant aux archives départementales), émanant des sires de Mortagne, châtelains de Tournai, il est souvent question, entre 1190 et 1271, de seigneurs du nom de Forest, vassaux du sire de Mortagne. Ainsi, de 1190 à 1199, apparaissent Wautier de Forest *dit* Mauclerc, chevalier, et son fils Evrard *dit* Rihart (*dominus Galterus* de Forest ou *dominus Walterus* Malclerc et *Evrardus, filius ejus, cognomento* Rihars). En 1207, Wautier Mausclers, chevalier de Forest, du consentement de sa femme *Heluidis*, de son fils Bauduin et de ses autres fils et filles, fait à l'abbaye une donation de dîmes situées à « Bruile, » et à « Felines ». En 1217, le sire de Mortagne assure à l'abbaye la possession d'une dîme à elle restituée par Wautier Caboce de Forest (*Galterus* Caboce del Forest) et *Heluidis*, sa mère, étant également nommés les frères dudit Wautier, savoir : Bauduin et *Autbertus*. En 1221, le seigneur de Mortagne confirme, comme sire, une acquisition de terres que venait de faire l'abbaye de dame *M.*, mère de *W.* et de *Th.*, fils du chevalier Richard de Forest (*filii Richardi militis* de *Foresto*), qui, partant pour la croisade de Constantinople (*peregre ad partes Constantinopol. profecturi*), avaient abandonné à leur mère la gérance de tous leurs biens (*constituerunt procuratricem omnium bonorum suorum*). En 1250, nouvelle confirmation au profit de l'abbaye qui avait acheté des terres situées « deseure le Pontoit », « en le parroche de Dons dales...», la vente ayant été faite par Watier de Forest, sa femme Wibours et leur fils Jean, y ayant également consenti « Hediars, li suer Watier devant dit, et Bauduins *de Reng* .., ses serourges.» En 1251, l'évêque d'Arras approuva l'acquisition, faite par l'abbaye, de terres dépendant du fief de Forest, vendues par Watier de Forest et *Wibordis*, sa femme. Enfin en 1271 Marie A le Take (*honesta mulier et devota Maria dicta* de Aldenarde, *civis Tornacensis filia condam Henrici* A le Take) donne à l'abbaye une rente qu'elle avait achetée de Jacques de Forest, fils de feu Wautier, chevalier, seigneur de Forest (*a Jacobo dicto* de Forest, *filio condam d^{mi} Walteri, militis, domini* de Forest).

Dans le fonds de Saint-Pierre de Lille, aux Archives départementales, il y a une charte du mois d'octobre 1267, émanée de Gilles *de Ghameoines*, chevalier, et de sa femme Isabeau (*Yzabella*), par laquelle ils vendent au chapitre la dîme de Quesnoy-sur-Deule que ce chevalier tenait en fief de Gille de Forest, chevalier (*a d^{mo} Egidio* de *Foresta*, *milite*), et en arrière-fief de la comtesse Marguerite (1).

En 1416, Thierry de « Foriest », vassal de la cour de Mortagne, portait : De........ à la croix de..... (2).

IV. Simon I de Lalaing, époux de Richesent. Cette dame nous paraît être de la maison DE LANDAS : vers 1180, elle avait l'hommage d'une partie de la dîme de « Cerenz » (Chéreng, entre Lille et Tournai), que le possesseur, Jean *de Pretin*, chevalier, vendit à l'abbaye de Cysoing, et cet hommage, elle le tenait en fief d'Amaury *de Landas*; le comté de Flandre, le sire de Landas et *Simon* de Lalaing, au nom de sa femme, étant à Lille, approuvèrent la vente de la dîme en qualité de seigneurs suzerains (3).

En 1178, *Simon* de Lalaing, du consentement de sa femme et de ses fils, et avec l'autorisation du comte de Hainaut, céda en échange à l'abbaye d'Anchin un bois et un chemin situés entre Lalaing et Anchin (*Preuves*, n° IV).

En 1184, «*Symon* de Lalen » est témoin d'une charte du comte de Hainaut, constatant la vente faite à la même abbaye, par Arnoul *d'Escaillon*, d'une rente à Auberchicourt.

Il laissa au moins deux fils :

(1) Cf. Demay, *Sceaux de la Flandre*, n°s 915 et 916.
(2) Id., n° 897.
(3) Bibl. nation., collection des 183 Colbert-Flandres, vol. 73, f° 83; titres de Cysoing.

1° Nicolas, qui suit.

2° *Gossuin* de Lalaing, cité dans des chartes, avec son frère, en 1201 et 1211 (*Preuves*, n°° V à VII).

C'est probablement le même qui, sous les noms de *Goslenus* ou *Gossart* (*Gossardus*) de Lalaing, chevalier, apparaît dans plusieurs actes, de 1214 à 1243.

En 1231 et 1243, il était seigneur à Fresnes, près de Condé; en 1272, Jean, sire *de Wasnes*, chevalier, également seigneur à Fresnes, portait comme les Lalaing. « Monseigneur Jehan *Bouni de Fresnes* » est appelé, en 1269, cousin de *Nicolas* II, sire de Lalaing (1). Vers 1331, un certain *Jean* de Lalaing possédait des biens à « Frasnes », dont le seigneur était alors Thomas *de Lille*, écuyer (Hautcœur, *Cartulaire de Flines*, page 553).

En novembre 1232, il vendait au chapitre de Saint-Amé de Douai des pièces de terre situées entre « Anterueles et Anetieres et Avelin et Has », qu'il tenait en fief du chevalier Ansel *d'Aigremont*; l'acte fut passé à Templeuve, « en le cort monseigneur, present ses hommes : seg⁰ Ernoul *de Landast*, seg⁰ Jean *de Canfaing*, seg⁰ Estevenon *del Mareskel*, cevaliers. Gillon *d'Anterueles*, Gillon *de Le Planke* et Werin *del Mes.* » Il parle de sa femme, sans la désigner par son

______

(1) *Souvenirs de la Flandre wallonne*, XIII, pp. 84 et 89.
Jean, sire de Wasnes, et Jean de Fresnes *dit* Bouni nous semblent n'être qu'un seul personnage.

nom. Son sceau manque malheureusement au
bas de la charte (1).

V. NICOLAS 1, sire de de Lalaing, chevalier, est
cité en 1197, parmi les vassaux de l'abbé de Saint-
Amand (*Nicolaus* de Lalen), dans une charte du
comte de Flandre et de Hainaut confirmant un
échange fait entre l'abbé et son prévôt héréditaire
Gérard (2).

Vers 1200, du consentement de son frère *Gossuin*
et en présence du comte Bauduin, il confirme
l'échange conclu entre l'abbaye d'Anchin et son père
(en 1178), ainsi que le don du ruisseau de Lalaing
fait à l'abbaye par ses ancêtres. En 1201, à Douai,
devant le comte et la comtesse, il conclut un autre
traité avec l'abbaye. (*Preuves*, nºˢ V et VI.)

Le jeudi 14 avril 1211, à Ath, en présence de Philippe *de Flandre*, marquis de Namur, régent de
Flandre et de Hainaut, *Nicolas* de Lalaing, du consentement de *Gossuin*, son frère, renonce à sa dîme
de Lalaing, au profit de l'abbaye d'Anchin. En an-
nonçant cette cession à l'évêque d'Arras, le même prince Philippe, frère germain de Bauduin, empereur de
Constantinople, comte de Flandre et de Hainaut, appelle le seigneur de Lalaing MON COUSIN : c'est un titre
des plus honorables pour cet illustre maison (*Preuves*, nº VII).

En 1219, *Nicolas*, sire de Lalaing, affranchit l'abbaye de Marchiennes de tout droit de transit dans sa

(1) Archives départ., fonds de St-Amd.
(2) *Liber albus*, fº 24, pièce 16.

seigneurie, soit par eau, soit par terre (*Preuves*, n°
VIII).

Vers la même époque et à propos de ce droit seigneurial de transit, appelé « vinage », il fut menacé
d'excommunication, pour avoir usé de violence contre l'abbaye d'Hasnon ; le prévôt de Douai, qui levait
aussi un « vinage » en sa seigneurie d'Escarpel, était
compromis dans la même affaire (*Preuves*, n° IX).

Il eut au moins deux fils :

1° Simon, qui suit.

2° *Jean* de Lalaing, bienfaiteur des pauvres du
village, cité dans la fondation faite par son frère
en 1243.

Peut-être y a-t-il lieu d'ajouter ici :

3° d°lle *N....* de Lalaing, épouse de N.... DE
LANDAS dit DE LESPAISCE. En 1269, Amaury *de
Lespaisce*, leur héritier, tenait en fief du sire de
Lalaing une part du « vinage » de ce lieu (*Preu-
ves*, n° XIV).

Les généalogies de Lalaing lui attribuent pour fille
« Aleyde, » mentionnée, disent-elles, avec son époux
Gérard *de Landas*, sire d'Eyne, « ber » ou baron de
Flandre, dans l'obituaire de l'église d'Eyne, ainsi que
dans une charte de l'abbaye d'Eename , de l'an
1268 ; mais c'est une erreur : le chevalier Gérard *de
Landas*, sire d'Eyne et comme tel « ber » de
Flandre, et aussi sire d'Esne ou « Aisne » et comme
tel pair de Cambrésis, a épousé, en premières noces,
Alix *de Beauvois* (*Aelidis* de *Bello Visu*), décédée
avant 1260, et en secondes noces, une dame appelée
Marguerite, qui portait une bande ou un bandé. Cela

résulte de plusieurs chartes reposant aux Archives départementales, dans le fonds des guillemites ou guillemins de Walincourt. (Cf. Demay, *Sceaux de la Flandre*, nᵒˢ 1179 et 1180.)

VI. SIMON II, sire de Lalaing, chevalier, époux d'Alexandra DE LESDAINS, fille du chevalier N.... *de Lesdaing* et de Marguerite *de N....* (1) ; la dame de Lalaing était veuve en 1252 et administrait la seigneurie pour ses enfants mineurs (*Preuves*, nᵒ XIII).

Il améliora sa « ville » au point de vue de la défense (*Preuves*, nᵒ XI).

En 1242, il céda à l'abbaye d'Anchin son moulin à eau banal de Lalaing, en se réservant sur lui une rente en blé, qu'il reprit en fief de l'abbé (*Preuves*, nᵒˢ X et XI).

Il fit, en 1243, une fondation au profit des pauvres de sa terre (*Preuves*, nᵒ XII).

Dans un acte du mois de janvier 1256 (vieux style), il est question des hoirs (*liberi*) de Lalaing, qui avaient une seigneurie à Roucourt (2).

(1) En avril 1244, *domina Margarita de Lesdoing*, c'est-à-dire : dame Marguerite de N....., veuve de N.... de Lesdaing, chevalier, détenait, à titre précaire, douze muids de terre au terroir d'«Hassencourt » (Azincourt, à Emerchicourt) ; comme Gilles, sire de Denaing, chevalier, vendait six muids de terre, au même terroir, il assigna en échange, à *Gila*, sa femme, pour garantie de sa dot, sept muids de terre à lui appartenant, à prendre dans les douze « que tient à présent dame Marguerite de Lesdaing » (Arch. départ., fonds d'Anchin).

En 1270, Nicolas II évoque le souvenir de feu « madame Margeritain de Lesdaing, me thrien, » la mère de sa mère (Hautcœur, *Cartul. de Flines*, I, p. 182, Lille, 1873, in-8ᵒ).

(2) Archives départ., fonds de l'abbaye des Prés de Douai.

C'était le 19 octobre qu'on chantait, en l'église de Lalaing, « l'obit de M*r* *Simon* de Lalaing, jadis seigneur dudit Lalaing et de Sepmeries (1), et de dame Alexandre, son espeuze, lequel seigneur gist en l'abbaye de Flines (2), et ladit. dame, devant le crucefix, soubz ung viel marbre, en l'église dudit Lalaing » (3).

L'auteur de l'armorial auquel a été donné le titre mensonger de « Grand Tournoy de Compiègne de l'an 1238, au mois de février », a mis notre *Simon II* en compagnie de « Jehan *d'Avesnes*, comte de Hainaut » (1280-1304) ! D'après le Ms. de cet armorial qui a servi à la publication de M. E. de Barthélemy (*Le Tournoi de Compiègne*, Saint-Quentin, 1873, in-8°, page 16), le sire de Lalaing figurerait le 141° et serait ainsi désigné : « *Simon*, s*r* de Salaincg : De gueule à 10 losanges d'argent accolées et posées en fasce 3, 3, 3, 1. »

Simon II laissa au moins deux fils :

1° Nicolas, qui suit.

2° Simon de Lalaing, auteur de la branche de Semeries, qui suivra.

VII. Nicolas II, sire de Lalaing, chevalier, bienfaiteur de l'abbaye de Flines, époux d'Agnès de

(1) Simon II ne fut pas sire de Sepmeries, mais bien son fils ca det Simon, à cause de sa femme.

(2) Peu probable, vu la date de la mort de Simon II, vers 1250, quand l'abbaye était encore à Orchies. On aura confondu ce seigneur avec son petit-fils Simon III.

(3) Compte de l' « aulmosne » de Lalaing, 1545-1546, fo 7. Archives du parlement de Flandres, fonds de la gouvernance de Douai, liasse d'anciens comptes.

WILLERVAL (« Agnes, damme de Huillerval »), avec
avec laquelle il confirme, en octobre 1274 (1), le don
d'une rente à une chapelle à Izel-lez-Esquerchin (Ysier
ou Isel).

Au mois de juillet 1265, il ratifia la fondation de
son père au profit des pauvres de Lalaing (*Preuves*,
n° XII).

En mars 1269 (vieux style), il renouvela la donation
faite par son aïeul, en 1219, à l'abbaye de Marchiennes (*Preuves*, n° XIV). A cette époque, une partie
du « vinage » de Lalaing, qui, en 1219, appartenait
tout entier à *Nicolas* I, était à un certain « Amourris
de Lespaisce », qui la tenait en fief du seigneur de
Lalaing ; ce devait être un membre de l'illustre maison *de Landas* et un descendant des Lalaing par les
femmes (2).

C'est lui qui, d'après la tradition, fonda,
vers 1280, l'hôpital Saint-Antoine de Lalaing. Cette
fondation, qui avait son chapelain, subsistait encore
à la Révolution.

Le sire de Lalaing suivit le roi saint Louis à la

(1) Communication due à l'obligeance de M. l'archiviste Demay ;
l'acte original, muni des sceaux des deux époux, repose aux Archives départ. d'Arras, fonds de Saint-Vaast. Quoique femme d'un
chevalier et par conséquent *dame*, Agnès usait alors d'un sceau
sur lequel elle est encore qualifiée *demisiele*. — Cf. Demay, *Sceaux
de l'Artois*, n° 390 et 391.

(2) *Le fief* de Lespesse, à Landas, mouvait de la motte d'Orchies ;
le prénom d'*Amourris* était affectionné par les Landas.

Cette part du « vinage » aura été détachée, probablement sous
Simon II (122.-1??.), pour quelque fille de Lalaing, dont l'héritier
était, en 1269, Amaury de Lespaisce.

croisade de 1270, étant « adonques encores joennès » chevalier (1).

Depuis 1263 jusqu'en 1285, il figure dans beaucoup de chartes du Hainaut, notamment dans celles du comte Jean *d'Avesnes*, dont il fut le familier.

Il fit cadeau, à l'abbaye de Saint-Aubert de Cambrai, d'une bible française en deux volumes, qui tenta le comte Jean *d'Avesnes* et la comtesse Philippa, sa femme, et dont l'abbaye ne put rentrer en possession qu'après leur mort, en 1311 (2).

Le 8 mars, on chantait, en l'église de Lalaing, « l'obit de messire *Nicole* de Lalaing, lequel gist au cœur de ladite église » (3).

Il eut :

1° Simon, qui suit.

Nous croyons pouvoir ajouter :

2° *Marguerite* de Lalaing, femme de Jean DE WAZIERS, chevalier ; celui-ci vivait en 1310. Etant veuve, elle fit une fondation en l'abbaye de Flines, et mourut vers 1344 (4).

3° *Gille* Ier de Lalaing, abbesse de Flines en 1323, morte en 1356 (5).

VIII. SIMON III, sire de Lalaing, chevalier, (vers

(1) « Comment un seigneur de Lalaing fut guéri par l'intercession de saint Louis; 1275. » Page 83 du t. XIII des *Souv. de la Fl. wallonne.*

(2) *Mémoires de la Société de Lille*, 1839, in-8o, 2e partie, p. 557.

(3) Compte de l' « aulmosne » de Lalaing, 1545-1546, fo 13.

(4) Hautcœur, *Cartul. de Flines*. II, p. 590. Sur Jean de Waziers, voir p. 77 de nos recherches intitulées : *Une vieille généalogie de la maison de Wavrin*, Douai, 1877, in-8o.

(5) Id., *Hist. de l'abbaye de Flines*, Lille, 1874, in-8o, p. 384.

1310) époux de Mahaut D'ASPREMONT, mourut en
1333 ; gît à Flines.

Il figure, en 1290, à la suite du prince Florent *de
Hainaut*, fils du comte Jean, au tournoi de Chau-
vency, dont le héros et l'héroïne furent « Joifrois, »
sire *d'Aspremont*, et Isabeau, dame *de Quiévrain*, sa
femme, alors « dame de jovene aage », père et mère
de celle que *Simon* prit pour épouse, vers 1310. Le
héraut Jacques Bretex le désigne ainsi :

    « *Simars* de Lalain, qui d'amors

    Seit les amors et les clamors

    Et quanque au mestier afiert. » (1)

En 1296, le 23 septembre, n'étant encore qu' « escuyers», ce seigneur de Lalaing fit hommage à l'abbé
d'Anchin pour un fief (probablement situé dans la
châtellenie d'Oisy) qu'il avait acquis de Jean *d'Aubigny*, et se soumit, ainsi que l'abbaye elle-même, à
un arbitrage, au sujet de difficultés existant entre eux.
Les arbitres étaient : « mon seigneur Perron *de Sen-
ghin*, chevalier, et Symon *de Chaudardée*, escuier »,
avec « Jehans *de Sarris*, li baillius d'Oysi », comme
tiers arbitre (2).

Il était chevalier, quand il fit rédiger, le 26 avril
1300, la coutume de sa seigneurie, étant assisté, selon
l'usage, de ses plus proches parents majeurs et non
empêchés, savoir : ses « chiers et foiables amys,
monseigneur *Symon* de Lalaing ; seigneur de
Sepmeries (voir branche de Semeries, VII), et mon-

(1) *Les Tournois de Chauvenci* ; vers 4081-3.

(2) Arch. départ., fonds d'Anchin, orignal scellé.
Plus tard, devenu chevalier, Simon III eut un autre sceau rela
tint sa haute dignité.

seigneur Druon, seigneur *de Wargny.* » La charte
originale, munie des sceaux de ces trois personnages, fut « mise et enclose, par maniere de garde
et de lieu sauf et sceur,» en l'abbaye de Marchiennes.

C'est probablement lui qui figure dans la liste des
comtes, des « banerech » et des chevaliers ayant assisté au tournoi de Mons en 1310 ; on l'y appelle
« *Sausonneg* de Lalaing » ; là se trouvaient, avec le
comte de Hainaut et les princes Jean *de Hainaut,*
Henri *de Flandre* et Guy *de Namur,* les seigneurs de
Ligne, de Bousies, de Gavre, ainsi que les chevaliers
Hugues *d'Antoing,* Michel *de Ligne,* « Sausier »
(Sansé ou Sanche ?) *d'Antoing,* le borgne *de Mauny*
(père du fameux Wautier *de Mauny,* l'un des héros
de Froissart) , « Alars *de Robais* », « Nico *de Wa-
siers* » etc. (1).

En 1326, fut terminé à l'amiable un long procès
qu'il avait contre l'abbaye d'Anchin, et qui dérivait
des droits considérables que ses ancêtres avaient
abandonnés à l'abbaye dans leur propre village. Dans
l'un des nombreux articles du débat, les arbitres dé-
cident que, par convenance « et pour oster le horreur
desdits religieux et de toutes personnes qui passeroient
en celui liu », il sera interdit au seigneur de Lalaing
de « lever fourques pour pendre hommes, ne lever
roees, ne ardoir hommes né femmes », dans la partie
de sa seigneurie avoisinant celle de l'abbaye (*Preuves,* no XVII).

(1) *Compte rendu des séances de la Com. roy.* d'hist., Bruxelles,
1868, in-8o , 3e série, V, pp. 254-255. D'après un Ms. héraid. de
l'an 1405, reposant à la Bibl. impér. de Vienne.

Le 31 mai 1332, étaient choisis comme arbitres entre l'abbesse de Flines, « suer Gille », et le châtelain de Rache : « nobles hommes monsingueur *Symon* (1), singneur de Lallaing, et monsingneur Jehan, singneur *de Wendin*, chevaliers. »

Entre 1307 et 1329, *Simon* III figure dans plusieurs chartes du Hainaut.

Mort le 3 mai 1333, il fut enterré dans l'église abbatiale de Flines, par un privilége spécial et sans doute en considération de sa sœur l'abbesse : d'après la règle, en effet, on n'aurait dû inhumer dans les églises de l'ordre de Cîteaux que les rois, les reines et les évêques (Hautcœur, *Hist. de l'abbaye de Flines*, page 81). Sa veuve se fit religieuse au couvent de Beaumont à Valenciennes, où elle décéda en 1373.

C'est cette génération qui a presque toujours été un écueil pour les généalogistes, en donnant pour père à *Simon* III un certain Otton de Lalaing et une certaine Isabeau de Saarbruck. La preuve de la prétendue alliance de Lalaing et de Saarbruck ne repose que sur des monuments funèbres : or ils sont susceptibles de bien des modifications. A Flines, le tombeau de l'abbesse *Gille* II, fille de *Simon* III, était orné de huit quartiers, parmi lesquels figurait celui de Saarbruck, paraissant appartenir à sa grand'mère pater-

(1). Vérification faite sur l'original, c'est par erreur que, dans le *Cartul de Flines*, II. p. 555, le sire de Lalaing est prénommé *Jehan* au lieu de *Symon*.

Chose bizarre, Gramaye, dans ses *Antiquitates Belgicæ, Flandria*, p. 214, col. 1 (Louvain, 1708, in-fo), en parlant du beau tombeau de ce seigneur, qu'il avait remarqué à Flines, l'appelle *Jean Simon*.

nelle (1) ; mais on sait que les tombes de Flines
avaient été refaites (2) ; et d'un autre côté, ce quartier ne se trouvait pas au nombre des douze blasons
qui décoraient la tombe de *Simon* III lui-même (3).
Sur le tombeau du Bon Chevalier *Jacques* de
Lalaing, tué en 1453, se trouvait aussi le quartier de
«Sarrebruche» : « D'azur au lyon d'argent, semé de
croisettes fichées recroisettées de mesmes, couronné
d'or » ; ce serait le second de ses trente-six quartiers,
si on les rangeait dans l'ordre méthodique ; mais sur
le monument, il occupait le cinquième rang, d'après
la description contenue dans le Ms. héraldique,
analysé plus haut, de la Bibliothèque nationale,
n° 5229, 11°, et datant de 1525 environ. Le monument du Bon Chevalier, de même que ceux de ses
père et mère, aïeul et aïeule, a été détruit à la Révolution, mais les cinq statues mutilées, conservées
dans notre Musée, nous semblent appartenir à une
seule époque, quoique l'un des personnages soit mort
en 1434 et un autre en 1495. Il est d'ailleurs certain
que les troupes de Louis XI, en 1477, ont « ars et
brullé la ville de Lalaing » (4), et il est peu probable
qu'elles aient épargné l'église, contrairement aux
agissements habituels de la soldatesque. Aussi con-
cluons-nous que l'épitaphe de *Jacques* de Lalaing a

(1) Bibl. publ. de Douai, Ms. 668, écriture du XVIII° siècle ;
Epitaphier de Malotau, I, p. 38.

(2) C'est l'abbesse Jeanne de Boubais (1507-1533) qui fit « re-
nouveler » les tombes (*Cartul.*, II, p. 927).

(3) Epitaphier de Malotau, I, p. 38.

(4) Acte du 31 décembre 1493; n° 101 de l'inventaire des archives
communales de Lalaing.

été refaite, probablement au commencement du XVIe siècle et par *Charles* Ier (2e branche , XIII), qui affectionnait beaucoup sa seigneurie, berceau d'une longue suite d'aïeux : car il avait le culte de la famille (1) et le Bon Chevalier en était la plus grande illustration ; aussi donnait-il le prénom de *Jacques* à l'un de ses fils. Ces deux monuments ne prouvent donc qu'une chose, c'est qu'on croyait, vers 1500, à l'alliance de Lalaing et de Saarbruck, qui aurait précédé immédiatement celle *d'Aspremont*. A cette époque, il n'était pas facile de fouiller les archives ecclésiastiques, qui seules auraient pu éclairer les hérauts d'armes dans leurs recherches généalogiques sur les Lalaing ; ces dépôts précieux s'étant ouverts pour nous, nous n'hésitons point à supprimer le quartier de Saarbruck et à le remplacer par celui *de Willerval* (2).

Un acte en chirographe reçu par les gens de loi du village de Quiévrechain, en 1346, « le jour saint Thumas lappostele devant Noel », 21 décembre, reposant aux Archives départementales , dans le fonds de la cathédrale de Cambrai , et contenant une vente de terres faite par le seigneur *Nicolas* III (voir ci-après, IX), renferme des renseignements précieux sur la famille et les enfants de Mahaut *d'Aspremont*.

« Comme par le succession et le trespas de haut homme et noble monsigneur Joffroit *d'Aspremont*,

---

(1) Voir dans Molinet, V. p. 240, comment il défendit la mémoire de son père contre certaines allégations d'Olivier de La Marche.

(2) Simon III ne paraît pas avoir épousé Mahaut d'Aspremont avant 1310 : or il était d'un âge mûr à cette époque-là. Se serait-il marié auparavant à Isabeau de Saarbruck ?

chevalier , signeur de Kieurechin , à qui Dieus fache
mierchy, il fust et soit eskeut à ses hoirs , tant freres
et soers , comme eskanchiers , chi apries nommés ,
toute li tiere de Kieurechin......... Cest assavoir : à
reverent personne noble et poissant mons* Henri, par
la grasce de Dieu, eveske de Vredun, medame Mehaut
de Lalaing, se sereur , medame Alliennor *d'Aspre-
ment*, dame de Fontaines , leur soer , et monsigneur
Joffroit *de Saint Disier*, chevalier , à loyal parchon ,
à ces iiij hoirs et escanchiers dess* dis.

» Et puis celle eskance, si comme dit est, li devant
ditte medame Mehaus , dame de Lalaing , soit entrée
en religion et euwist renonchiet à se ditte parchon ,
liquelle est et doit yestre eskeuwe de li à monsigneur
Nicollon, signeur de Lalaing, sen aisnet fil, chevalier.

» Et depuis, li dis mess* *Nicolles* euwist vendut...
une chiertaine somme de florins al escut de rente à
vie à rakat... Et comme de rekief li dis... ait vendut... à discret homme noble et poissant monsigneur Ròbiert *de Couchi* , canonne et chantre de
l'église de Cambray et signeur du Chasteller sur Oyse,
pluiseurs parties de celle deuant ditte terre, apparte-
nans à le parchon ledit monsigneur *Nicollon*.... Par
lequel vendaige se fist li rakat de le rente à vie ven-
due.... Et ait encore.... fait , sour celi parchon, telle
que venue et eskeuwe li est de par se mere, vendaige
de trente livrées de tiere à hiretaige à noble dame
medame Margherite *de Wingles*, dame de Roisin. »
Afin de régulariser ces ventes , le seigneur *Nicolas*
« requist as autres parchouiers dessus nommés à
avoir loyal parchon », et le partage fait , il réalisa

l'aliénation qu'il avait consentie au profit du noble chantre.

Ce qui fut conclu « par le gret.... de medame Mehaut de Lalaing, se mere, qui, pour tant que à se viaige [sur la terre de Lalaing] pooit toukier, renoncha de rekief bien et souffisam^{nt} à toutes les parties dou vendaige deseure dit. Et par le gret de medame Ysabiel, dame de Lalaing, compaingne et espeuse audit mons^r *Nicollon*, de mons^r *Symon* de Lalaing (1), monsigneur *Jehan* dit *Sanson* de Lalaing, chl^{rs}, freres audit mons^r de Lalaing, Gillion *de Reumont* et demisielle *Florence*, sa femme, demisielle *Marguerite* de Lalaing, canoinnesse, de Malboege, demisielle *Marie* de Lalaing, canoinnesse de Niuielle, et demisielle *Gille* de Lalaing, sereurs audit signeur de Lalaing »; les échevins étant pleinement apaisés « de endroit de le greance de le mere audit monsigneur de Lalaing et de tous ses enfans dessus nommés. »

Voici la longue liste des enfants du seigneur *Simon III* et de Mahaut *d'Aspremont*.

1° Nicolas, qui suit.

2° Simon de Lalaing, auteur de la branche de Quiévrain, qui suivra.

3° *Jean* dit *Sanson* de Lalaing, chevalier, vivant en 1346.

4° *Florence* de Lalaing, mineure en 1338 et

(1) On treuve dans le compte du grand bailliag » de Hainaut, du 15 septembre 1350 au 15 mai 1351, f° 4 v°, qu'à la requête de « mons^r Simon de Lalaing », le bailli « fist arriester, sour mons^r Joffroit de Saindizier, aucuns liens appartenant au tiestament mons^r le evesque de Vredun ».

citée avec deux de ses sœurs, *Marie* et *Jeanne*, dans une quittance que leur frère aîné délivra, en leur nom, à la dame d'Aspremont (leur aïeule maternelle), à Quiévrain, le dimanche après le jour de Noël (27 décembre) 1338, pour les arrérages d'une rente de 200 livres que ladite dame devait à cause du mariage de feu le seigneur et de la dame de Lalaing, laquelle rente avait été assignée dans la part de ces trois demoiselles (1).

En 1346, elle était l'épouse de « Gillion » DE REUMONT, de la maison de Roisin ; dont il y eut postérité. C'est lui qui devint « messire Gilles, sire de Rumont et de Berelle, chevalier, » figurant comme homme de fief de Hainaut dans un acte passé à Mons, « ou castiel », le 2 mai 1362 (archives départementales, fonds de l'abbaye de Saint-Jean de Valenciennes).

En 1385, dans l' « avis » du sire et de la dame de Quiévrain, figure parmi les parents, du côté de l' « avisant » (voir branche de Quiévrain, IX) : le chevalier Jean, seigneur de « Ruymont et Berelle », qui est un fils de *Florence* de Lalaing.

Ces *Reumont* étaient des cadets de *Roisin* et portaient : Bandé de gueules et d'argent de six pièces (et pour brisure) au lambel de trois pendants de gueules.

La dame de Reumont, morte le 13 août 1380,

(1) Saint-Genois, *Monum. anciens*, Paris, 1782, in-fo, I, p. 288.

gît auprès de son époux, en l'église de Be-
relles (1).

5° *Marguerite* de Lalaing, chanoinesse de
Maubeuge en 1346.

6° *Marie* de Lalaing, mineure en 1338, chanoinesse de Nivelle en 1346.

7° *Jeanne* de Lalaing, mineure en 1338,
étant morte ou entrée en religion à la date de
1346.

8° *Gille* II de Lalaing, abbesse de Flines en
1363, morte le 16 mars 1387 (vieux style),
inhumée en son église, devant l'autel de saint
Jérôme. Elle avait laissé à l'abbaye certaines
terres dont devait jouir viagèrement sa nièce
Jeanne de « Kievraing », en 1392 religieuse de
Flines (2) ; cette *Jeanne* de Lalaing *dite* de Quiévrain, fille de *Simon*, devint aussi abbesse (voir
branche de Quiévrain, IX 7°).

Le blason qui ornait la tombe de *Gille* II était
parti de Lalaing et *d'Aspremont* (3), armes de
ses père et mère.

Nous croyons pouvoir encore ajouter aux enfants
du seigneur *Simon* III :

9° *Isabeau* de Lalaing, « cordelière en Verdun » , nommée dans le testament d'Isabeau,

(1) Bibl. publique de Douai, Ms. 886, épitaphier de Malotau, de
l'an 1740, IV, p. 390.

(2) Hautecœur, *Hist. de l'abbaye de Flines*, pp. 383 et 486 ; et
Cartul., II, p. 704.

(3) Épitaphier de Malotau, précité. — Épitaphier ms. de la Bibl.
d'Arras, no 738 (ancien 766), f° 17 v° ; communication due à l'obligeance de M. Preux.

dame d'Aspremont et de Quiévrain , passé le
« mercredi après la feste du saint Sacrement »
1326, en présence de religieux de Verdun ; elle
lui lègue 20 livres; elle en lègue 60 « à n° chiere
fille Felicitas » (1).

10° *Béatrix* de Lalaing, religieuse au couvent
de Beaumont à Valenciennes , nommée dans un
codicile de la dame d'Aspremont , en date à
Quiévrain , du 4 avril 1336 , par lequel elle
choisit pour sa sépulture l'église des sœurs
« preeceresses de Biaumont en Valenc° », et fait
des legs : « à suer Julliane et suer Jehane
d'Aspremont, mes filles, suers de led° eglise de
Biaumont, à suer *Beatrix* de Lallaing, à suer
Katherine *dou Wès*, à Marie et à Ysabiel, suers
as enfans *de Wargni* » (2).

IX. *Nicolas* III, sire de Lalaing, chevalier, bailli
de Hainaut de 1352 à 1354 , époux d'Isabeau *de
Montigny* (en Ostrevant), mourut vers 1369.

En mars 1346 (v. st.), il reconnait avoir vendu, du
consentement de « madame de Lalaing, notre mere,
la dame de Lalaing, notre femme, no frere et nos
suers », « à haut homme et noble no cher et boin
ami monss' Robert *de Coucy*, canoane et chantre de
l'église de Cambray et sigueur du Chasteller sur
Oyse » , des terres situées « Kieurechin dales
Kieuraing », ainsi que la « justice haute et signourie
sur trente livrées de terre que nous avons vendut

(1) Collection Moreau, vol. 225, f° 67 ; copie prise par dom
Queinsert, en 1774, dans les archives des sœurs de saint Dominique
de Beaumont à Valenciennes.

(2) Id., vol. 228, f° 97.

à la dame de Roysin » obligeant à cet effet tous ses
biens, « tant ou royalme de France comme ailleurs » (1).

Le 10 avril 1350, « *Nichn* de Lalein, chlr, » était
à Arras, au service du roi, avec « ij chlrs et xiiij
escuiers, » et « soubz le gouvernement de noble
homme monsr le connestable de France » (2). Ce seigneur continua de bien servir la France, puisqu'en
janvier 1367 (vieux style), le roi le qualifie : « notre
bien amé et feauld notre chevalier *Nichole*, seignieur
de le ville de Lallaing, » quand il consent à ce que
les habitants de ce village jouissent du droit de pâ-
ture dans le marais de Flines, dit des Six-Villes.

« Parvenu en eaige et à terre », il avait fait ser-
ment à ses sujets, comme la « chartre » de Lalaing
obligeait tous les seigneurs à le 'faire, « dedens qua-
rante jours que il aront fait hommage à leur signeur ». L'original de cette charte communale ayant
été détruit lorsque l'abbaye de Marchiennes fut brû-
lée le 12 août 1340 par le comte de Hainaut, allié
éphémère des Anglais, au début de la guerre de cent
ans, — début signalé par une lutte aussi cruelle que
courte, où *Nicolas* III fut obligé, comme les autres
chevaliers de Hainaut, de combattre contre la France
à la suite de son maître, — on s'occupa d'y suppléer
avec une « coppie de ledite chartre » de l'an 1300,
« qui nous a esté verifiyée de bouche par nostre tres

(1) Original scellé, aux Archives départ., fonds de la cathédrale
de Cambrai.—Voir plus haut la vente du 21 décembre 1346.

(2) Quittance de gages, scellée (Bibl. nation., Clairembault, titres
scellés, vol. 63, coté LA, page 4849).

chiere dame et mere, dame de Lalaing, et de nos tres chier cousin monseigneur Taillefer *de Rosne*, avecq pluiseurs aultres auxquels nous avons adjousté foy et credence; » ainsi s'exprime *Nicolas* III, dans sa charte du 20 mars 1366 (vieux style), scellée par lui ainsi que par « notre chier fil *Colart* de Lalaing, chevalier, no aisné hoir, » par « no chier frere *Simon* de Lallaing, signeur de Hordaing et seneschal d'Ostrevant, » et par « no chier et amé cousin monseigneur Jehan *de Mortaigne*, chevalier, sigueur de Potelles. »

L'obit de « messire *Nicole* de Lalaing, lequel gist au milieu de la chapelle Saint Jehan en l'église de Lalaing, » se célébrait le mercredi des Quatre-Temps de l'avent en décembre (1).

Nicolas III et Isabeau *de Montigny*, décédée avant 1369, eurent au moins trois fils et une fille :

1° *Nicolas* IV, sire de Lalaing et de Bugnicourt, chevalier, mort sans enfant vers 1390. En 1383, il servait la France, « en ces presentes guerres du roy n^{re} seigneur, en la chevauchée qu'il fait sur les champs pour aler ou pais de Flandres contre les Anglais, » ayant dans sa compagnie trois chevaliers et vingt - six écuyers (2).

2° *Simon* de Lalaing, écuyer, servait, en 1383, ayant dans sa compagnie un chevalier et vingt-cinq écuyers (3). Il n'existait probablement plus en 1387.

(1) Compte de l' « aulmosne » de Lalaing, 1545-1546, f° 13.

(2 et 3) Quittance de gages, scellée par « Colart de Lalain, chlr », le 31 août (Clairembault, id.).

3° Otton, qui suit.

4° *Jeanne* de Lalaing, chanoinesse de Mons en 1381, mariée à Pierre DE HAVESQUERQUE dit DE WISQUETZ, chevalier, seigneur de « Raisse » (Rache-lez-Douai) et d'Ère (près Tournai), châtelain d'Orchies et de Bailleul en Flandre, chambellan du roi et du duc d'Orléans, tué à Azincourt, en 1415, sans enfant ; morte le 28 avril 1426, elle gît aux cordeliers de Tournai.

Pontus Heuterus, dans ses *Genealogiae* (Anvers, Plantin, 1583, in-f°, page 46), ouvrage formant le complément des *Rerum Burgundicarum libri sex* (id., 1584), la cite comme sœur d'*Otte*, fille de *Nicolas* et femme du sire de Raisse, mais sans donner son prénom : *Filia nupta Rassei domino*. Il est d'accord en cela avec Jacques Le Boucq, auteur du tableau généalogique de Lalaing, composé à Valenciennes en 1566.

C'est à tort que plusieurs généalogistes ont donné *Simon* III pour père à la dame de Raisse.

En 1407, 1415 et plus tard encore, le sire de Lalaing avait la jouissance de la seigneurie de Waziers-lez-Douai, « le vie de le dame de Raise [sa sœur] durant, tant seullement » (1).

Nicolas III paraît avoir eu en outre un bâtard :

Jacques, bâtard de Lalaing, vivant en 1363 et décédé, semble-t-il, vers 1370, ses biens ayant passé à son frère le sire de Lalaing.

Voici, à ce sujet, quelques indications tirées

____

(1) Archives communales de Lalaing, n° 92.

des comptes de la châtellenie de Bouchain reposant aux archives départementales.

1363, 30 novembre — 1364, 18 juin ; f° 1 v°:
« Donné par *Jaquemart* le bastart de Lalaing
sur Simon *Le Baillieu*, pour cxv s. faire auoir ».

— F° 2 v° : « Donné par *Jaquemart* de Lalaing
sur Nichaise *Matifart*, pour lxvj gros faire
auoir ».

1364, 18 juin — 24 septembre, f° 1: « Donné
par *Jaq°* de Lalaing sur Colart *Hieket* d'Iwir et
sur Nichaise *Mathifart*, pour x moutons flam°
faire auoir. »

1369, 1er mai — 1370, 24 juin, f° 3 : « Donné
par *Jak°* de Lalaing sur Nicaise *Le Jouene* de St
Piton, pour faire auoir 1 lb. ». — « Par mons°
de Lalaing, sur Nicaise *Mathifart*, pour faire
auoir ix lb. »

1377, 25 novembre, au 18 février suivant, f°
1 v° : « De mons° de Lalaing donnet dou sien
sur Nicaise *Matiffart*. Se contraindi li sergans
[de la châtellenie de Bouchain] les biens Michaut
Le Fuselier de Cambray, liquels lui deuoit.... ».

X. *Otte*, seigneur de Lalaing, de Bugnicourt, etc.,
chevalier, bailli de Hainaut de 1398 à 1402, vers
1395 époux d'Yolente DE BARBANÇON ; né vers 1338,
il mourut en 1441 ; gît à Lalaing.

« *Ostes* de Lalaing, écuyer », comparaît dans un
acte du 4 juin 1369, avec ses frères : « hault homme
et noble messires *Nicoles*, sires de Lalaing, chl°, et
Simons de Lalaing, escuyer, » au sujet de l'obit de
leurs père et mère, qui devait se célébrer à Flines (1).

(1) *Cartul. de Flines*, II, p. 646.

On lit dans la généalogie de Croy et de Lalaing, composée vers 1566, fo 16 : « *Nicolas*, filz aysné de *Simon de Lalaing* et de la fille *d'Aspremont*, fut allié à la fille du sr de Montigny en Ostreuenant (*sic*), de laquelle il eult pluiseurs enfans, mais il morurent jeusnes, excepté le maisné, nommé *Otte* lequel estt disposé d'estre homme d'eglise. » Le généalogiste ajoute : « Congnoissans que, pr la mort de ses freres, la sgrie de Lalaing luy estoit escheut, ne vollant laisser perdre le nom et les armes de Lalaing, après auoir laissé ses benefices, estant en l'eage de soixante ans ou plus, sallia à Yoline *de Barbenson*, fille iije au sr de Barbenson, auecq laquelle et pour parteige dicelle, eult la sgrie de Montigny St Xphle et Merbe le Chasteau ou le Potterye. »

Ces renseignements semblent assez exacts, sauf toutefois ce qui concerne l'état ecclésiastique qu'aurait suivi le seigneur *Otte*. Nous avons vu en effet qu'il était écuyer, c'est-à-dire militaire, en 1369 ; il l'était encore en 1387 ; en outre le biographe de *Jacques* de Lalaing rappelle que « messire *Othe*, seigneur de Lalaing, suivit et fréquenta les armes, et fit de moult beaux voyages sur mer et autre part, en servant son souverain seigneur le duc Guillaume, comte de Hainaut, et depuis le bon duc Philippe. » C'est lui qui, sous le titre de « monseigneur de Lalaing », prit part, en 1396, à l'expédition de Frise commandée par le duc Aubert *de Bavière*, comte de Hainaut, et Guillaume, son fils, comte d'Ostrevant (Froissart, édition Kervyn, XV, page 281).

Sur sa tombe, on rappela qu'il avait vécu « cent et trois ans ».

Voici quels auraient été ses huit quartiers, d'après le monument funèbre de son petit-fils le Bon Chevalier ; nous les rangeons dans l'ordre méthodique :

1. « *Lalaing* : De guelles à dix lozenghes d'argent en pal. »

2. « *Sarrebruche* : D'azur au lyon d'argent, semé de croisettes fichées recroisettées de mesmes , couronné d'or. » Nous avons prouvé que ce quartier doit être remplacé par celui *de Willerval.*

3. « *Aspremont* : De gueules à la croix patée d'argent. »

4. « *Luxembourg* : Burlet d'argent et d'azur au lyon de *Lembourg* : De geulles à cewe fourchue , couronné d'or. » C'est encore un quartier défectueux; on doit le remplacer par celui de *Quiévrain,* ce qu'a fait Chifflet , dans son édition de l'*Histoire du Bon Chevalier.*

5. « *Montigny* : De synople à ung lyon d'argent couronné d'or. »

6. « *Wavrin* : D'azur à ung escuchon d'argent au mylieu. »

7. « *Havesquerque* : D'or à la fache de geulles. »

8. « *Disquemue* : Fachiet d'or et d'azur de iiij pieches, à ung tyret de geulles en sauthoir. »

Otte de Lalaing et Yolente *de Barbançon* laissèrent:

1° Guillaume, qui suit.

2° *Sanche* de Lalaing , chevalier (à Paris, le 17 avril 1436) , seigneur d'Oprebaix , chambellan du duc de Bourgogne, prévôt-le-comte à Valenciennes (1437-1455) , mort vers 1460, époux de Catherine DE ROBERSART, dont il eut une fille, leur unique héritière :

Jeanne de Lalaing, « demoiselle d'Escaillon et de Bruille, » en 1461, sous la tutelle du seigneur de Lalaing, son oncle, épousa Philippe DE BOURBON, seigneur de Duisant, de la maison de France, qui était veuf d'elle, en 1475, avec enfants.

D'après Carpentier (*Histoire de Cambray*, II, page 713), le seigneur et la dame d'Oprebaix auraient eu en outre, notamment : *Alix* de Lalaing, religieuse en l'abbaye de Prémy ; mais on sait combien les assertions de cet auteur sont sujettes à caution.

Sanche (ou *Sansse*, *Sanson*, mais non *Sausse*, comme on l'a souvent imprimé) fut, dans sa jeunesse, chanoine de Saint-Amé de Douai et archidiacre d'Ostrevant. Il est qualifié en 1436 « *Sansse* de Lalaing, seigneur de Bricques et de Thilly, escuier » (Archives départementales, compte du grand bailliage de Hainaut, 1ᵉʳ septembre 1435 — 31 août 1436, fᵒ 43 vᵒ). Son nom est honorablement cité par les chroniqueurs à côté de l'illustre *Simon*, son frère.

Il brisait de trois lions de..... (peut-être ceux *de Barbançon*, à cause de sa mère) dans la première losange (1). Il signait : « *Sanson* de Lalaing. »

(1) Le P. Anselme, I, p. 361, donne pour armes à Catherine (*sic*) de Lalaing, fille de Sanche, un écartelé de Lalaing et « d'argent à trois lions de sinople, armés et couronnez d'or. » Ce sont les armes de Barbançon, sauf que les lions sont de gueules.

3° Simon de Lalaing, auteur de la seconde branche, qui suivra.

4° *Marguerite* de Lalaing, décédée en 1444, chanoinesse de Mons, où elle était déjà en 1407.

5° *Jacqueline* de Lalaing, morte en 1446, aussi chanoinesse de Mons, où elle était déjà en 1415.

6° *Yolente* de Lalaing. Le souvenir de « ma demoiselle *Yolens* de Lalaing, fille de ma dame *Yolens de Barbenchon*, dame de Lalaing, » est rappelé en 1484, à propos de pièces de terre à Lalaing qui lui avaient appartenu (archives communales, n° 96 de l'inventaire).

Otte paraît avoir eu aussi des bâtards :

1° (*bis*). *Jean*, bâtard de Lalaing, qui, vers le mois de juillet 1420, étant « compaignon de guerre », fit une prise entre Douai et Orchies sur des partisans des Armagnacs.

Voici comment les faits sont rapportés dans une pièce du procès que cette prise engendra.

« Che sont les poins principaulx en brief alleghuiés... par Eurard *Le Coulletier* et *Jehan*, bastard de Lallain,... pardeuant... messˢ des comptes à Lille, alencontre de... marchans de Vallenchiennes, du procueur de nˡᵉ tres redoubté sʳ et le bailli de Douay. Adfin que la somme de xxvjᶜ frans... prise par lesdis Eurard et bastart, estant de present en la main de nˡᵉ tres redoubté sʳ monsʳ le duc de Bourgᵍⁿᵉ, leur soit baillié...

» ... Japiecha en ce royᵐᵉ pluiseurs qui se nomment Erminaghois, desquelz ad present cellui qui se nomme daulphin est chief, ont esleué

guerre mortelle contre le roy n^{re} souuerain seign^r
et feu mons^r le duc de Bourg^{ne} darr trespassé....,
et encores continuent... contre n^{re} tres redoubté
s^r qui ad present est..., en prendant de fait ses
villes, fortereches et dommagant inhumaine-
ment en corps et biens tous les subges, vassaulx
obeissans et bien veuillans du roy n^{re} dit s^r. Et
en esp^{al} ont prins... le villé et fortereche de
Guise... et en icelle, par le moyen dun nommé
Jaquet *de Laillier* et ses complices, de nouuel...
ont esleué monn^e qui se forge audit lieu et mou-
teplie en ce roy^{me}..., au grief prejudice du roy...
et de sa monn^e, laquelle danchyénneté il a ac-
coustumé de faire forger en pluis^r... lieux notables, à lui subges et obeissans, et non mie audit
lieu de Guise, en commettant... crisme de leze
majesté.....

» ...Lesdis Eurard et bastard, subges et bien
vueillans de n^{re} dit s^r, — et meismement ledit
Eurard, qui est subget naturel de n^{re} dit s^r (1), et
lequel a emploié son corps et cheuanche au ser-
uice de feu n^{re} dit s^r, qui Dieux pardoinst, en
pluiseurs et diuerses armées quil a faictes pour
le bien du roy, où il a grandement freé, despen-
du et plus perdu que gaignié, comme pluis^r
autres hommes de bien ont fait, — nagaires en-
tendirent que ledit Jaquet *de Laillier* enuoioit,
par deux de ses varles qui portoient la croit saint

(1) Quant au bâtard de Lalaing, il était né sujet du comte de
Hainaut, et non du duc Philippe le Bon, comte de Flandre.

8.

Andrieu faintement, en monnoie blanche forgié
audit lieu de Guise, la somme de xxvj^e francs ou
enuiron à Vallenchiennes, qui fut deschergié al
hostel dudit Henry *Flameng*, et lendemain, par
ung voiturier enuoiée dudit lieu de Vallenchiennes à Tournay.

» ... Lesdis Eurard et *bastard*, qui sont com-
paignons de guerre, comme dit est, pour porter
dommage audit Jaquet, et aussi pour eulx re-
couurer des pertes quilz ont faites es seruices du
roy et de feu n^{re} dit s^r, ...vinrent au deuant
dudit voiturier..., et ledit voiturier auec lad^e
finanche arresterent et amenerent en la ville
d'Orchies, adfin de mettre lad^e finanche en lieu
seurj, usques ad ce que de leurd^e prinse et arrest
seroit ordonné, sauoir se lad^e finanche leur ap-
partenoit ou non.... » (1).

Par lettres datées de Salins, le 3 août 1420,
le duc Philippe le Bon évoqua la cause au conseil à Gand (2).

En 1430, ce bâtard de Lalaing vivait à Douai.
Il possédait, en 1439, un fief à Sin, tenu du seigneur de Marquette-en-Ostrevant, châtellenie
de Douai, lequel fief était, en 1407, à Jean *de
Sin* dit *Patoul*, écuyer, qui l'avait eu de ses
ancêtres; en 1416, à Conrard *de Flavines*,
écuyer, et en 1449 à Jacqueline *de Sin*. Le

---

(1) Arch. dép.rt., chambre des comptes, rouleau en papier au
dos duquel on lit : « Escriptures baillées par Eurard Le Couletier
et le bastard de Lalaing ».

(2) Septiéme registre des chartes, f^o iiij^{xx} xj v^o.

même fief appartenait, en 1476, à *Jean* de Lalaing, prévôt de Saint-Lambert de Liége (qui
figurera ci-après, au n° XII).

Selon nous, *Jean*, bâtard de Lalaing, avait
épousé Jacqueline DE SIN, veuve de Conrard *de
Flavines*, écuyer; il n'aura pas laissé de postérité.

2° (*bis*). *Otte*, bâtard de Lalaing, qui fut bailli
de Saint-Ghislain de 1410 à 1412, étant qualifié : « homme sage et honorable *Ostes de Mau-
rage*, écuyer, bâtard de Lalaing. En mars 1429,
des gens de guerre du duc Philippe le Bon, notamment « *Jean* et *Hostes*, bâtards de Lalaing, »
séjournaient dans les environs de Saint-Ghislain et rançonnaient les paysans (1). Le 10 septembre 1428, le bailli de Hainaut (*Guillaume*
de Lalaing, seigneur de Bugnicourt, voir ci-
après, XI) avait envoyé « *Hoste*, bastard de Lalaing » vers messire Englebert *d'Enghien* (cf.
branche de Quiévrain, IX 4°) « à Le Folie » (2).
L'an 1433, à Bruille, figura, comme homme de
fief de Hainaut : « *Otte*, bastard de Lalain,
escuier », lorsque l'abbé d'Anchin fit rédiger la
coutume de Bruille (3).

XI. GUILLAUME, seigneur de Lalaing, de Bugni-

(1) Reiffenberg, *Monum. pour servir a l'hist. des prov. de Namur, etc.*, Bruxelles, 1848, in-4o, VIII, pp. 458 et 548. Dom Baudry
(mort en 1752), Annales de l'abbaye de Saint-Ghislain.

(2) Archives départ., compte du grand bailliage de Hainaut, 1428,
3 juillet au 31 août, fo 11.

(3) Escallier, *L'Abbaye d'Anchin*, Lille, 1852, in-4o, p. 216.

court, etc., sénéchal d'Ostrevant (par achat en 1441),
chevalier, bailli de Hainaut de 1427 à 1433, *stathouder* (gouverneur) de Hollande jusqu'en 1445, lieutenant général du duc Philippe le Bon au duché de
Luxembourg en 1441, chambellan du duc et chevalier d'honneur de la duchesse, — épousa vers 1418
Jeanne DE CRÉQUY, veuve sans enfant de Robert *de
Wavrin*, fils du sire de Wavrin et tué avec son père
à Azincourt en 1415. Mort en 1475, il gît à Lalaing.

Du vivant de son père, il était connu sous le nom
de seigneur de Bugnicourt.

Vers 1430, il acquit de Jean *de Maubeuge* l'office
féodal « de le venerie heritable de Hayunau »; mais
le duc Philippe le Bon manifesta l' « intention de le
reprendre pour les deniers et de le rapplicquier à le
demaine du pays de Haynnau »; cependant le prince
abandonna ce projet, et en 1454, le sire de Lalaing
vendit à « mons^r Anthonne *Raulin*, seigneur d'Ay-
meries », le fief lige « se comprendans en la venerie
heritable de Haynnau, aussi en la louuerie, en pour-
seugs, en cens, en rentes dargent, dauaine et de cap-
pons » (1).

Guillaume de Lalaing et sa femme, laquelle vécut
jusqu'en 1495, pleurant la mort de trois fils et déplo-
rant les désordres du seul qui lui restât, eurent des
enfants des deux sexes :

　　1° *Jacques* de Lalaing, le Bon Chevalier, né

(1) Archives départ., comptes du grand bailliage de Hainaut,
1435, 1er 7bre, à 1436, 31 août, f° 3, v^r; 1452 (v. st.), 1er janvier,
à 1453, 31 xbre, f° xxx; 1453 (v. st.), 1er janvier, à 1454, 31 dé
cembre, f° iij.

vers 1420, au château de Lalaing, chevalier de
la Toison d'or en 1451, après son célèbre pas de
la Fontaine de « plours », tué devant Poucques,
à trois lieues de Gand, le 3 juillet 1453, au moment où allait finir la guerre contre les Gantois
rebelles. Il laissa une réputation sans tache et
rendit son nom à jamais illustre.

2° Jean de Lalaing, qui suit.

3° *Philippe* de Lalaing émule du Bon Chevalier, né vers 1430, tué à Montlhéry, le 16
juillet 1465. Nous avons publié son pas du Perron fée, tenu à Bruges en 1463 (Douai, 1874,
in-8°).

Il laissa plusieurs bâtards :

A. *Méliador*, bâtard de Lalaing, écuyer
d'écurie du roi des Romains et de l'archiduc son fils, bailli de Douai depuis 1489
jusqu'à sa mort en 1499 (1); gisant en
l'église des cordeliers ou récollets wallons de Douai, devant l'autel Sainte-Barbe.

Il brisait d'un filet d'azur en barre.

Il épousa d^elle N.... DE N...., qui portait :
De gueules à trois fasces d'argent (2); *alias:*

(1) Nous avons publié, dans les *Souvenirs de la Flandre wallonne*, XVII, p. 41: « La mort du bailli de Douai, Méliador de
Lalaing, 15 août 1499 ».

(2) Bibl. nationale, cabinet des titres : «Lallain »; grand tableau
généalogique avec armoiries coloriées, de la fin du XVI° siècle,
concernant plus particulièrement des bâtards de la maison de Lalaing.

Fascé d'argent et de gueules de six pièces (1).
Vers 1500, le fief de La Prayelle à Couti-
ches, mouvant de la Motte d'Orchies, appartenait à « la vesve de *Méliador* de Lallaing »; il avait été, en 1473, au chevalier
Philippe *de Wavrin*, seigneur de Saint-
Venant, qui devint sire de Wavrin après
son père, vers 1480, et mourut en 1500.

Ils eurent :

a. *Artus* de Lalaing, écuyer, seigneur de La
Prayelle, marié à Jeanne DU BRUGANDIN, qui convola à Douai, en octobre 1536, avec Jean *Tauve*
de La Vacquerie, écuyer, chef-échevin (maire),
veuf, avec enfants majeurs, d'Isabeau *Gosson* ;
elle était morte avant 1548 et gisait à Saint-Albin,
devant l'autel de saint Jean et de saint Michel ;
parente (tante peut-être) de Pierre *du Brugandin*,
écuyer, seigneur dudit lieu, d'Hercules, de Barbe
et de Louise *du Brugandin*, frères et sœurs, vi-
vants en 1548.

b. *Jeanne* de Lalaing (qui brisait d'une plaine
d'or), épouse de Maurand DE HAUSSY, écuyer,
seigneur de Remerchicourt, né vers 1485, chef-
échevin de Douai en 1548, 1552 et 1557, mort le
4 décembre 1558 au palais de la Bassecourt dont
il était « concierge »; nous dirions aujourd'hui :
gouverneur ; — fils de Jean *de Haussy*, receveur
du domaine à Douai (1491-1518), bailli de cette
ville (1504-1513), « concierge » de la Bassecourt,
anobli en 1500, et de « demoiselle Anthoine »
Le Preudhomme.

Dont deux filles, Antoinette et Jeanne *de Haussy*,
mariées dans la famille *du Hem* d'Auby.

(1) Bibl. publique de Douai, Ms. 868, écriture du XVIIIᵉ siècle;
Epitaphier de Malotau, I, p. 419; d'après les quartiers de la petite-
fille de Méliador, Jeanne de Haussy, femme de Robert du Hem,
écuyer.

c, *Philippote* de Lalaing, veuve en 1530 de Jacques de Touville, écuyer, « familier domesticq » du comte de Gavre, gisant à Gand, en l'église Saint-Michel. Sur la tombe de son mari, elle porte : D'argent à trois fasces de gueules, au franc-quartier *de Lalaing* plein (1) ; c'était sans doute une combinaison des blasons de ses père et mère: à cette époque, les armes pleines mises en franc-quartier sur un écu quelconque étaient un signe de bâtardise. D'après le tableau généalogique du Cabinet des titres, elle brisait, comme ses deux sœurs, d'une plaine d'or.

d, « Damoiselle » *N....* de Lalaing.

B. « Damoiselle » *N....*, bâtarde de Lalaing (qui brisait comme ses frère et sœur, d'après ledit tableau généalogique), en 1499 veuve d'Antoine de Boubais. Dont postérité.

C. *Catherine*, bâtarde de Lalaing, « par feu messire *Phe* engendrée ou corps de Jehenne *de Gand*, pour lors non mariez », ainsi qu'il est expliqué dans les lettres de légitimation qu'elle obtint, moyennant finance, à Bruxelles, en septembre 1520 (2)

(1) *Inscriptions funéraires..... de la Flandre orientale*, Gand, 1865, in-fo, 1re série, I, p. 212.

(2) En avril 1516, à Bruxelles, elle avait déjà obtenu des lettres de légitimation : « damoiselle Katherine de Lalaing, fille naturelle et illegitisme de feu messire Phe de Lalaing, et par lui engendrée au corps de feu Jehenne [un blanc], lors non mariez.... Laquelle est desja ancienne.... Elle doubte que, obstant quelle est bastarde et par ce non capable de succeder aux biens de ses parens et amis, elle pourra auoir et soustenir poureté et indigence en cesd» anciens jours »; la légitimation fut accordée, dit le prince, « en faveur mesmement des bons et loyaulx seruices que aucuns ses parens et amis ont par cy deuant faix et fait encoires journellement ». — Archives

et qu'elle fît enregistrer à Lille, en la chambre des comptes (20e registre des chartes, fo vj^{xx}j), le 2 septembre 1522 (1), mais sans acquitter les 62 livres 10 sols de la finance taxée par la chambre, de manière que l'enregistrement fut déclaré « de nulle valeur.»

Lors de l'obtention des lettres de 1520, elle était mariée à «Jehan, sr DE LA DEUZE».

4° *Antoine* de Lalaing, chevalier, seigneur de Bugnicourt, chambellan du duc, armé chevalier au sacre du roi Louis XI à Reims, le 15 août 1461; combattit à Montlhéry, à côté de son frère Philippe (2). Il aurait épousé Marie DE NOYELLES-Wyon, héritière d'Hangest, qui convola avec Gilles *de Waziers*, chevalier, seigneur d'Heudincourt, selon les généalogistes, qui sont sans

départ., reg. aux rémissions, B 1727, fo xxvij; en marge : « moiennant amende ciuille » ; c'était la « finance » taxée à Lille par la chambre des comptes.

(1) Ces mêmes lettres furent aussi enregistrées dans le registre aux chartes de l'audience, B 1731, fo xliij ; mais il y a un blanc à la place des noms de la mère.

Dans le tableau généalogique du Cabinet des titres, celle-ci est ainsi désignée : « damoiselle Jehanne de Gand, dame d'Amour. »

(2) Bibl. nation., Ms. fr. 5739, XVe siècle; 5o « L'entrée de Rains ». fos 238 à 246; sur la longue liste des nouveaux chevaliers : « Anthoine de Lalain, sgr de Heverday » (*sic*), probablement: Hordaing. — Jacques Duclerc l'appelle : « Antheine, fils du sr de Lalaing » ; p. 153 du t. III de l'édition Reiffenberg, Bruxelles, 1836, in-8o.

Sa présence à Montlhéry est constatée au fo 57 bis du Ms. 851 de la Bibl. publique de Douai, renfermant notamment une chronique de la maison de Bourgogne et de la ville de Douai, 1369-1477, composée par un Douaisien, après 1480; — par les *Mémoires* du seigneur de Haynin (1465-1477), Mons, 1842, in-8o, I, pp. 15 et 42; — etc.

doute plus exacts ici, que quand ils font mourir *Antoine* de Lalaing en 1477 sous les coups des Suisses, tandis qu'il décéda le 8 janvier 1469 (vieux style), gisant en l'église de Lalaing, dans la chapelle Notre-Dame de Sainghin, où était une belle et grande pierre avec sa représentation et ses quatre quartiers, laquelle pierre est conservée maintenant dans une propriété particulière du village.

Il eut de Catherine *de Couvringhe*, « pour lors non mariée », un bâtard :

A. *Rodigue*, bâtard de Lalaing en 1505 écuyer et capitaine des archers de corps de l'archiduc Philippe le Beau, roi de Castille, légitimé, vers cette époque, par ce prince, sans finance, « pour regard des vertus et bonne meurs estans en lui, et des grans, baux et agreables seruices quil a, tout son eaige, faix à feuz nos predicesseurs, que Dieu absoille, et à nous, et ait fencoires journellement » (1).

Molinet le cite pl.. ieurs fois, à propos de tournois, d'expéditions militaires, etc.

Il brisait d'un filet d'or posé en barre (cabinet des titres ; tableau généalogique).

(1) Les lettres de légitimation furent enregistrées en la chambre des comptes à Lille, vers le mois de décembre 1505, au f° ije iiijxx xij vo du 17e reg. des chartes. La fin de ces lettres, notamment leur date, se trouvait sur le f. ije iiijxx xiij, qui contenait l'anoblissement de Nicolas Le Canonne : cause pour laquelle ce feuillet a été arraché du registre par les vandales révolutionnaires.

Il laissa une fille :

a. *Jeanne* de Lalaing, morte le 25 novembre
1540, — épouse de Lambert DE LIGNE, bâtard de
Barbançon, écuyer, décédé lui-même le 20 novembre 1555, fils naturel de Michel de *Ligne*, seigneur de Barbançon, mort en 1403, — reposait
avec son mari, en l'église de Boussu, où se
trouve leur épitaphe (1).

Dans le grand tableau généalogique du Cabinet
des titres, dressé vers la fin du XVI° siècle, elle
est mentionnée, avec son alliance, mais sans
filiation.

5° *Yolente* de Lalaing, née vers 1422, mariée
à Renaud, sire DE BREDZAODE, de la maison princière de Hollande, chevalier {de la Toison d'or ;
dont postérité. En 1492, veuve, elle résidait au
château de Brederode (Molinet, IV, page 279).

6° *Isabeau* de Lalaing, chanoinesse de Mons
en 1429, épousa Pierre DE HENNIN, seigneur de
Boussu, chevalier de la Toison d'or ; dont postérité, notamment les comtes de Boussu.

Enfin le seigneur *Guillaume*, paraît avoir eu,
avant son mariage, un enfant naturel :

1° (*bis*). « *Jehan* de Lalaing, b. [bâtard ; ne se-
rait-ce pas plutôt bailli ?] de Haubourdin, vivoit
l'an 1456, époux de da^{le} Peronne GUILBAUT, fille
de feu Jehan » ; il brisait l'écu de Lalaing d'une
barre de s..nople, et sa femme portait : D'argent
au chevron d'azur à l'aigle de gueules au can-

(1) Le P. Anselme, *Hist. généalog.*, Paris, 1733, in-f°, VIII, p.
31 c ; d'après Soohier.—*Mémoires de la Société de Tournai*, 1859,
in-8°, VI, pp. 26 et 27. —Cf. Epitaphier de Malotau, tome IV, écrit
en 1740, pp. 321 et 322 ; Ms. 886 de la Bibliothèque publique de
Douai.

ton dextre (grand tableau généalogique du Cabinet des titres).

Les *Guilbaut* étaient lillois. Une autre Péronne *Guilbaut*, fille de Guy, trésorier des finances du duc, morte vers 1430, fut la première femme de Bauduin *d'Ongnies*, gouverneur de Lille.

XII. JEAN, seigneur de Lalaing, de Bugnicourt, etc., sénéchal d'Ostrevant, né vers 1421, au château de ses pères, fut pourvu de bonne heure de riches bénéfices ecclésiastiques, en sa qualité de cadet ; prévôt de Saint-Amé de Douai en 1437 (à la place de Raoul *Le Maire*) et de Saint-Lambert de Liége en 1443, licencié en décret, il « était grand clerc et bien lettré, belle personne et vénérable, » nous dit le biographe du Bon Chevalier, écrivant vers 1465 ; mais ses mœurs se ressentirent de la corruption générale. Ses désordres et la mésaillance qui en fut la suite sont ainsi racontés au f° 17 de la généalogie de Croy et de Lalaing, dressée vers 1566 et dont le manuscrit appartient à M. A. Favier (1).

« *Jehan* de Lalaing, ij° fils de messire *Guillamme* et de la fille *de Crequy*, prouost de Lieges et de Saint Amé en Douay, après la mort de son pere fut sgr de

(1) Le même récit est copié dans un manuscrit généalogique «fait, peinct et escrit », vers 1580, par Engelbert de Goux *dit* de Wedergraet, capitaine d'infanterie au régiment d'Egmont, descendant d'Isabeau de Lalaing, dame de Boussu. Une copie de ce Ms. existait au château de Wagnonville (communication due à l'obligeance de M. Amédée de Ternas).

La généalogie de Lalaing, insérée dans le recueil de Malotau de Villerode, reproduit également ce récit, mais en lui enlevant sa naïveté primitive.

Lalaing, retenant ses benefices près de sa mort, combien qu'auant le trespas de son pere, fut pluiseurs fois requis et sollicité de les resigner et de soy allier à quelq. damme ou damoiselle, mais il ne vollut jamais obeir, et retenant ses benefices s'acointa d'une pouure g....; fille au monnier de Lalaing, de laquelle en eult iiij fils naturel et une fille nommée *Blance*. Cedit *Jehan*, après le trespas de son pere, trouua ses segries et terres fort chargées et espensionées, et considerant qu'il n'auoit nuls hoirs legitimes pour succeder à ses dictes segries, delibera de traicter auecq. messire *Josse* de Lalaing, son cousin germain, filz de messire *Symon* de Lalaing, filz de *Otte*, et segr de Montigny et de Hantes, sur umbre de mettre le nom, armes et segries de Lalaing ensamble : car pr la mort de cedit Jehan, la segrie de Lalaing venoit aux enfans de *Ysabeau*, sa sœur, dame de Brederode, et par ainsi le nom et les armes moroient. Parquoy il vendit audit *Josse* la segrie et baronnie de Lalaing, pour quelq. sommes de deniers dont il sen tient content, mais il la retint, sa vie durant, et en fut ledit *Josse* adhireté pour luy et ses hoirs.

» Et enuiron l'an 1480, cedit *Jehan* commencha à se deffaire de ses benefices, en baillant à pention sa prouosté de Liege à sire *Arnoul* de Lalaing, son cousin germain du costé maternel [*lisez* : paternel]. Et enuiron l'an 1494, eagé de 75 ans, lors fort riche d'argent comptant, se mariat et espousa la mere de ses enfans, les legitimant pour estre habilles à succeder en touttes ses segries qu'il auoit allors. »

Maître *Jean* de Lalaing, qu'on appela par convenance « monseigneur *Jehan* », quoiqu'il ne semble point avoir jamais eu la dignité de chevalier, résidait ordinairement à Douai dans un vaste hôtel, dit « la Viêse Trinité » (parceque les trinitaires y avaient séjourné au XIIIᵉ siècle) et qui devint vers 1590 le séminaire des Evêques, situé sur le rang sud de la rue d'Esquerchin. Mort à Lalaing en décembre 1498, il gît aux Cordeliers de Douai.

Jean de Lalaing et Catherine Wiertz, fille du meunier de Lalaing (à laquelle on donna pour blason : D'argent au fer de moulin de sable), eurent au moins cinq enfants (1) :

1º *Pontus* I de Lalaing, chevalier, seigneur de Bugnicourt, bailli d'Orchies en 1499 (alors qualifié écuyer), plusieurs fois « capitaine » de la ville de Douai (c'est-à-dire gouverneur militaire en temps de guerre), épousa, vers 1495, Bonne de Wassenaere (2).

On voit, dans un compte du grand bailliage de Hainaut (1ᵉʳ octobre 1490—30 septembre 1491, fᵒ j vᵒ), que « monsʳ *Jehan*, seigneur de Lalaing, se deshireta de son fief, chasteau, ville, terre, justice et seignourie de Villers ou Tertre, et d'un

(1) On remarquera leurs prénoms bizarres. C'était l'époque où les héros des romans de chevalerie et de la mythologie préoccupaient les esprits au moins autant que les martyrs chrétiens; le prévôt Jean de Lalaing paraît avoir goûté les idées de son temps.

(2) Pontus Heuterus, p. 63 de ses *Genealogiœ*, l'appelle Catherine: il se trompe encore, quand il ajoute que, mariée au fils du comte de Lalaing, elle mourut en 1476.

autre fief nommé de Bantimont, gisant assez
prez de Bugnicourt, se comprendant en terres
labourables, prez et rentes de bled », à cause du
« vendaige qu'il en a fait à *Ponthus* de Lalaing,
son filz naturel », pour le prix de sept mille livres. Un mandement daté de Malines, le 8 décembre 1490, fit remise de la moitié des droits
dus au souverain, au profit de « *Pontus*, bastart
de Lalaing, escuier » (*Id.*, f⁰ xiiij).

Par transaction du 8 mars 1504 (v. st.), faite
avec son cousin *Charles*, seigneur de Lalaing
(deuxième branche, XIII), il fut convenu que
chacun d'eux aurait droit aux armes pleines.

Il résidait ordinairement à Douai et dans son
château de Villers-au-Tertre; c'était le principal
personnage habitant notre ville.

2⁰ Artus de Lalaing, qui suit.

3° *Sidrach* de Lalaing, licencié ès décrets,
prévôt de Saint-Pierre de Douai (1508-1532),
doyen et chanoine de Saint-Omer (1512-1533),
mort le 28 juin 1533; gît en l'église de Saint-
Omer où l'on voit encore son élégant tombeau.

4° *Hercule* de Lalaing, chevalier, seigneur de
Wandosme, mort en 1539, gisant en l'église
Saint-Barthélemy de Béthune; époux de Jeanne
DU MONT-BERNENCHON.

5° *Blanche* de Lalaing épousa, vers 1480,
Philippe DE QUARELEMONT dit *de Dion*, écuyer
(Goethals, *Miroir*, II, pages 501 et 707),
que la généalogie de Croy et de Lalaing désigne

ainsi : « le s^{gr} de Rosiers près de Wanres » (1).
Dont postérité.

XIII. ARTUS de Lalaing, chevalier (parvenu à cette
dignité vers la fin de sa carrière), sénéchal d'Ostrevant, seigneur de Hordaing, bailli de Douai (1499-
1504), épousa Jeanne DE HABART, mourut le 1er avril
1521 et fut inhumé en l'église de sa seigneurie de
Brebières, sous un marbre placé devant l'autel de la
chapelle Sainte-Anne. Sa veuve décéda en décembre
1540.

Il habitait à Douai l'hôtel qui lui venait de son
père et qu'on commença à appeler alors l'hôtel de
Hordaing, puis l'hôtel de Bugnicourt. Dans les cérémonies douaisiennes, il occupait la place d'honneur,
immédiatement après son frère aîné. Il brisait d'un
lambel de trois pendants d'azur.

Il servit la maison d'Autriche, et son nom, de
même que celui de son frère *Pontus*, est plusieurs
fois cité dans les Chroniques de Molinet.

Le testament d'une demoiselle noble qui était à son
service, Hulline *de Manchicourt*, sœur de Jean,
écuyer, demeurant à Gomignies, renferme quelques

(1) Nous trouvons dans un compte du grand bailliage de Hainaut
(1er janvier 1444, vieux style—11 décembre 1445, f° 1 v°) que
« Willamme de Quarelemont, demorant à Dion en le Val empres
Wauure en Brabant, le ve jour dauril, se desherita de la ville;
terre, justice et seignourie de Le Hestre, quil tenoit en fief, à
cause de Bertris de Boussut, se feme, et dont il auoit à ce jour
hoir vivant »; ladite terre, chargée du donaire de « dame Bertris
de Goegnies » et de beaucoup d'autres « quierques », était achetée
par Jean de Le Hestre, écuyer, moyennant 350 livres tournois.

détails curieux sur la famille d'*Artus* de Lalaing ; ce testament fut « empris », après la mort de la testatrice, le 10 septembre 1513 (1). Après avoir élu sépulture au couvent des frères prêcheurs, elle dispose d'une *seonyette* « pour servir M* de Hordaing et madem^{le} de Hordaing [sa femme], quand ils recevront le corps de Jh. Crist en leur cappelle, » et elle ajoute : « Que M* mon bon maistre ayt mes œures que je porte à l'eglise tous les jours, et aussi madem^{le} ma bonne maistresse ayt ma boiste à porter cœuvre chiefz, qui est de cuir bouilly. »

Artus de Lallaing et sa femme eurent au moins dix enfants, trois fils et sept filles :

1° Pontus de Lalaing, qui suit.

2° N..... de Lalaing, } Morts jeunes.
3° N..... de Lalaing, } Page 192 de l'*Histoire de l'abbaye de Flines.*

4° *Anne* de Lalaing, née vers 1503, morte en 1569, mariée à Nicolas DE LANNOY, chevalier, seigneur de Maingoval ; elle hérita de son frère *Pontus*, et sa fille porta dans la famille *de Sainte-Aldegonde* les seigneuries de Bugnicourt, Hordaing et autres terres de la branche aînée de Lalaing.

5° *Bonne* de Lalaing, morte à Douai en 1585, épousa Adam D'ESNE, écuyer, s* de Bétencourt. Dont postérité.

6° *Yolente* de Lalaing, décédée à Douai, dans les premiers jours de l'année 1581, gisant au chœur de l'église des cordeliers ou récollets wal-

____

(1) Arch. municip., reg. aux testam., 1510-1543, f° 220.

lons, veuve sans enfant de Jean DE LA PORTE, écuyer, s' de Morselede ; bienfaitrice de l'université et des pauvres de Douai.

7° *Antoinette* de Lalaing, morte jeune, nommée vers 1513 dans le testament précité d'Hulline *de Manchicourt*, avec ses sœurs : « A me bien amées *Anne* et *Bonne*, les deux v^{mes} d'or, et à *Yolen*, mon cœur d'or, et à *Antoinette*, mes petites patrenostes de coral. »

8° *Jacqueline* de Lalaing, abbesse de Flines, de 1533 à 1561, femme supérieure, qui donna l'exemple de toutes les vertus.

9° *N*..... de Lalaing, } *Mortes jeunes. Page 192 de l'Histoire de l'abbaye de Flines.*
10° *N*... de Lalaing, }

XIV. PONTUS II de Lalaing, seigneur de Bugnicourt, chevalier de la Toison d'or en 1546, gouverneur de l'Artois, puis de la Flandre un moment avant sa mort en 1558, capitaine d'une bande d'ordonnance en 1545, l'un des bons généraux que Charles-Quint et Philippe II opposèrent à la France, devant Térouane, à Saint-Quentin, à Gravelines etc. Né vers 1508, très-probablement à Douai, il mourut le 15 octobre 1558, s'étant marié à Eléonore DE MONTMORENCY, sœur du comte de Hornes, qui convola avec *Antoine* de Lalaing, comte de Hoochstrate (branche de Hoochstrate, XV).

Par ses hautes qualités, il sut reconquérir le haut rang que la mésalliance de son aïeul avait fait perdre à sa branche.

9.

Il avait eu une fille légitime :

A. *Marie* de Lalaing, morte jeune, le 4 juillet 1557, gisant à côté de son père, au chœur de l'église de Villers-au-Tertre.

Dans sa jeunesse, il avait « engendré et procréé au corps » d'une certaine Jacqueline *N...*, « jeune fille aussi lors non mariée, » un fils illégitime :

a. *Philippe* de Lalaing, bâtard de Bugnicourt, au profit duquel le seigneur de Bugnicourt obtint des lettres de légitimation, sans finance (1), signées par Philippe II, en son camp à Authie, en septembre 1558, enregistrées le 1er octobre en la chambre des comptes à Lille (26e registre des chartes, f° vij^{xx}iiij). Cette faveur fut accordée au suppliant, dit le souverain : « en consideⁱᵃᵒ des grandz, notables et agreables seruices qu'il a faict à l'empereur monseig^r et pere et à Nous, et faict encoires journellement. »

Les lettres de légitimation relatent les faits de guerre où s'était déjà employé le jeune *Philippe* de Lalaing, « lequel est de bonne conduicte et

(1) Déjà en novembre 1551, à Bruxelles, Charles-Quint avait accordé des lettres de légitimation, sur la « supplication de Phelippe, filz naturel de n^{re} chier et feal ch^{lr} de n^{re} ordre messire Ponthus de Lalaing, seigneur de Bugnicourt, à present gouuerneur et cappitaine de n^{re} citadelle de Cambray, contenant que ledit suppliant soit engendré de pere et mere hors l'estat de mariage... Veu le consentement dudit s^r de Bugnicourt... Sera tenu paier certaine finance et somme de deniers pour une fois, à n^{re} preaffixy selon la faculté et qualité de ses biens, a l'arbitraige et taxation de nos amez et feaulx les president et gens de noz comptes à Lille ». (Archives départ., registre B 1762, f° 232.)

honneste conuersation, et a suyui les armes, depuis le commencement de la p^nte guerre, ès Ytales, soubz n^re tres chier et amé cousin, aussi chl^r de n^re Ordre, le duc d'Alue, soubz lequel il est encoires à p^nt en n^re camp lez Dourlens, ayant grand desir et affection de continuer de bien en mieulx. »

« *Philippe* de Lalaing » figure sur la liste des cent seize gentilshommes de la maison du roi d'Espagne, dressée le 28 juin 1567 (1).

Le bâtard de Bugnicourt servit aussi pendant les troubles, notamment comme capitaine d'infanterie wallonne au siège de Valenciennes, en 1567, à la tête de deux cents arquebusiers de pied wallons sous le duc d'Albe, en 1568, et en 1580, à l'expédition malheureuse des Douaisiens contre Bouchain, expédition dont il était l'un des chefs et où il tomba au pouvoir des rebelles. On le retrouve à Douai, sa résidence ordinaire, en 1585 et en 1598, capitaine d'une compagnie bourgeoise.

Il mourut vers le commencement de mars 1603, ayant fait à Douai, le 26 janvier, en présence de son curé, le pasteur de Notre-Dame, un testament, dans l' « emprise » duquel, faite en haulte, le 11 mars, il est appelé : « noble

(1) Gachard, *Correspond. de Philippe II,* I, p. 549. On l'a confondu avec le comte de Lalaing, Philippe (deuxième branche, XXI; ce dernier, fils et héritier d'un principal ministre de l'empereur et du roi, ne pouvait être un simple gentilhomme de la maison.

homme *Ph^{les}* de Lallaing , escuier , s^r (*sic*)
de Bignicourt , vivant gentilhomme de la
maison de feu Sa Ma^{té} catholicque ». Il y parle
en ces termes de sa femme Marie MARTINS :
« Et comme je me sens plus estroictement obligé
envers elle, pour la grande affection qu'elle m'a
tousjours porté et la sincere amitié que j'ay re-
ceu durant n^{re} conjonction, siguam^t en ce que,
pour mon eslargissement de prison et pour sub-
venir à ma ranchon, elle a vendu et adenieré
ses chaisnes, bagues, joiaux et aucunnes parties
de rentes ». Il gît en la chapelle du nom de Jé-
sus aux frères mineurs ou cordeliers. Sa veuve,
dont il n'avait pas laissé d'enfant , testa le 23
septembre 1612 et mourut au commencement
d'octobre (1).

Sur le grand tableau généalogique avec ar-
moiries coloriées du cabinet des titres, « *Phi^{es}*
de Lalaing, b. de Bugnicourt », dont le nom de
la femme est resté en blanc, porte *Lalaing* brisé
d'un filet d'or posé en barre.

Deuxième branche.

C'est la plus illustre de la maison ; pendant deux
siècles, les hommes distingués qu'elle produisit bril-
lèrent au premier rang, continuant à rendre célèbre
ce nom de Lalaing porté si haut par le Bon Chevalier;
faire leur biographie, ce serait résumer l'histoire de

(1) Archives municip., reg. aux testam., 1599-1609, fo 105 vo, et
1609-1616, fo 181 vo.

notre pays sous les maisons de Bourgogne et d'Autriche : car il n'y a pas un événement mémorable auquel l'un d'eux n'ait pris part.

XI. SIMON de Lalaing (3e fils d'*Otte*, seigneur de Lalaing), seigneur de Montigny (Saint-Christophe), chevalier de la Toison d'or en 1431, chambellan du duc, prévôt-le-comte à Valenciennes (1427-1437), bailli d'Amiens (1441-1449), capitaine ou gouverneur militaire de L'Écluse assiégée en 1437 par les Brugeois rebelles, et en 1452, d'Audenarde assiégée par les rebelles Gantois, ayant été « cause de la salvation desdites deux villes, » lieutenant général du grand bâtard de Bourgogne à la croisade de 1464, conseiller d'épée au grand conseil de Malines en 1473.

Né vers 1405, très-probablement au château de Lalaing, il avait fait ses premières armes en 1426, contre les Turcs, au royaume de Chypre, où il gagna ses éperons de chevalier ; puis en France, l'an 1429, sous le comte de Ligny (Jean *de Luxembourg*), grand partisan de l'alliance anglaise. Le tournoi d'Arras, du mois de février 1429 (vieux style), acheva de le mettre en évidence, lui « qui entre mille chevaliers se fust trouvé un des beaux et des plus grans, homme de très-noble hôtel aussi, » nous dit Chastellain, dans sa *Chronique* (II, page 20).

En qualité de cadet, il brisait d'un lion de gueules dans la première losange.

Mort le 15 mars 1476 (vieux style), il gît en l'église des augustines de Deynze en Flandre.

De Jeanne DE GAVRE-Escornaix, qu'il épousa vers 1436, il eut une nombreuse postérité ;

1° *Josse*, qui suit.

2° *Arnoul* de Lalaing, docteur en théologie et ès droits, prévôt de Saint-Sauveur d'Harlebeke en 1459, de Notre-Dame de Bruges (dès 1473) et de Saint-Lambert de Liège (1) en 1481 (par marché fait avec *Jean* de Lalaing, son cousin germain), du conseil privé de Charles le Téméraire et de Maximilien d'*Autriche*, professeur à l'université de Louvain, — dans le conseil de laquelle il avait été admis en 1473, mourut en cette ville, le 21 mars 1483, gisant au chœur des frères prêcheurs.

Il a laissé une relation, écrite en français, de l'entrevue de l'empereur Frédéric III et du duc Charles, à Trèves en 1473.

3° *Simon* de Lalaing, chevalier, mortellement blessé devant Paris, vers la fin d'août 1465, enterré aux Saints-Innocents, sans enfant de Marie DE SAINS, sa femme, qu'il avait épousée en 1461, fille de feu Jean, écuyer, et de Marg

(1) La liste des prévôts de Liège est très-défectueuse dans le *Gallia christiana* (Paris, 1725, in-fol.), III, col. 981, au Besl de dereux ch.: Jean de Lalaing, 1443, 1446; Evrard de La Marck, vers 1450; Antoine de Lalaing; Arnould de Lalaing, prétendu frère du précédent, 1481; Hugues de Lalaing, élu en 1481, mort en 1483. — Il faut mettre ces deux seulement : Jean de Lalaing, 1481, et Arnoul de Lalaing, 1481-1483.

Toutefois il est probable que Jean reprit sa prévôté après la mort d'Arnoul, puisqu'en 1484 il aurait assisté à un synode qui se tint dans l'église de Notre-Dame-aux-Fonts à Liège (*Annales de l'académie d'archéologie de Belgique*, Anvers, 1862, t. 6, XIX, p. 482).

guerite *de Barbançon* dit *de Donstienne* (compte
du grand bailliage de Hainaut, 1er octobre
1460 — 30 septembre 1461, f° iiij et xlij).

« En ce temps fut navré et prins *Simon* de
Lalaing, second (1) fils de monsieur *Simon* de
Lalaing, seigneur de Montigny, et mené à Paris.
De laquelle blechure il mourut lendemain et fut
enterré aux Innocents audict Paris. Il estoit
encore jeune, si avoit il beaucop veu et beaucop
voyagé, si comme au Sainct Sepulchre, à Sainct
Jacques, à Rome, es Allemaignes et au voyage
de Turquie » (2). Ainsi s'exprime le seigneur de
Haynin, chevalier du Hainaut, qui combattait
aussi dans l'armée de Charles le Téméraire
(*Les Mémoires de messire Jean, seigneur de
Haynin*, Mons, 1842, in-8°, I, page 46).

Philippe de Lalaing, écuyer, qui, le 18
mars 1453 (v. st.), quoiqu'étant « de l'hostel du
duc » Philippe le Bon, assista « à la fête de la Li-
corne, donnée à Cambrai par le comte de Saint-
Pol, alors mal vu à la cour, tellement que le
duc avait défendu à ses gens de paraître à ces
joutes (Mathieu d'Escouchy, *Chronique*, II, page
239). Il mourut de la peste à Marseille, vers la

(1) Les généalogies s'accordant pour donner le second rang à Re-
noul, « qui fut d'église, » nous le lui conservons, malgré le témoignage de Jean de Haynin.

(2) Le « voyage de Turquie » s'entend de la croisade du grand
bâtard, à laquelle prit part messire Simon, sire de Montigny, avec
trois de ses fils; les croisés n'allèrent pas plus loin que Marseille.

Noël 1464, à la croisade du grand bâtard de Bourgogne.

5° *François* de Lalaing, écuyer, mort de la peste et enterré à Marseille, à côté de son frère. De manière que le lieutenant du grand bâtard, « messire *Simon* de Lalaing, y perdit deux beaux escuyers, ses enfans : qui dommage fut, et à dur le porta » (Chastellain, *Chronique*, V, page 47).

6° *Jean* de Lalaing, chevalier, ayant été armé de la main du duc Charles, au siège de Neuss en Allemagne, le 23 mai 1475, jour du combat livré contre l'empereur (Molinet, I, page 129). Chambellan du duc, capitaine d'une compagnie d'ordonnance, il fut tué au désastre de Granson, contre les Suisses, le 2 mars 1476 (vieux style).

7° *Philippotte* de Lalaing, chanoinesse de Mons en 1454, mariée, après 1479, à Jean DE LANNOY, chevalier, seigneur de Maingoval, père et mère du fameux Charles *de Lannoy*, vice-roi de Naples, qui prit le roi François 1er à Pavie.

XII. JOSSE de Lalaing, seigneur de Montigny, chevalier de la Toison d'or en 1478, « souverain » (bailli) de Flandre en 1474, « stathouder » de Hollande en 1480, capitaine d'une compagnie d'ordonnance, ayant été « moult » blessé et fait prisonnier à la déroute de Nancy, le 5 janvier 1476 (vieux style) où il commandait l'une des deux ailes des gens d'armes ; blessé mortellement devant Utrecht, où il commandait en chef l'armée de Maximilien *d'Autriche* ; décédé

le lendemain, 5 août 1483; gisant à Deynze auprès
de son père.

Le 24 septembre 1481, il avait acheté la terre de
Lalaing à *Jean*, son cousin germain, qui s'en réserva
le viage.

De Bonne DE LA VIEVILLE, sa femme, il laissa :

1° Charles, qui suit.

2o *Antoine* de Lalaing, né vers 1480, connu
d'abord sous le nom de seigneur de Montigny,
quand il écrivit la relation des deux voyages
que fit en Espagne l'archiduc Philippe le Beau,
son maître, en 1502 et en 1505, fit une fortune
princière grâce à la faveur de la régente Marguerite *d'Autriche*, dont il fut le chevalier d'honneur et le principal ministre. Chevalier de la
Toison d'or en 1516 , second chambellan de
Charles-Quint, chef des finances de l'empereur
aux Pays-Bas, « sthatouder » de Hollande en
1522, capitaine d'une bande d'ordonnance, il
avait épousé, vers 1511, Isabeau, dame DE CU-
LEMBOURG et d'Hoochstrate, (fille de Jaspard,
seigneur de Culembourg, etc., et de Jeanne *de
Bourgogne*), plus âgée que lui de quinze ans, et
veuve, depuis 1508, de Jean *de Luxembourg*,
seigneur de Ville, chevalier de la Toison d'or. Il
fut créé comte d'Hoochstrate, par lettres patentes
datées de Saragosse, en juin 1518. Mort à Gand,
le 2 avril 1540, il gît à Hoogstraeten (province
d'Anvers) sous une tombe magnifique.

Comme cadet, il brisait d'un lion de gueules
dans la première losange, ainsi qu'avaient porté

son père et son aïeul, seigneurs de Montigny.

Il ne laissa que des bâtards, parmi lesquels on connaît :

A. *Antoine* de Lalaing, légitimé par lettres datées de Malines, en mars 1523, moyennant finance, taxée à vingt livres, lors de l'enregistrement en la chambre des comptes à Lille, le 2 avril 1524 après Pâques (20e registre des chartes, f° vijxx x). Né à Bruxelles, protonotaire apostolique, immatriculé en l'université de Louvain l'an 1527, promu docteur ès droits l'an 1535, prieur commendataire de Saint-Sauve près Valenciennes vers 1525 (par marché fait avec *Charles* de Lalaing, neveu de son père, cité ci-après, XIV), prévôt de Saint-Pierre de Cassel en 1535, de Saint-Sauveur d'Harlebeke en 1536 et de Saint-Liévin de Deventer en Hollande, conseiller ecclésiastique au conseil privé à Bruxelles, il mourut le 12 août 1541, gisant au milieu de l'église de Saint-Sauve, sous un tombeau de marbre. Il brisait l'écu de Lalaing—Hoochstrate d'un filet d'or posé en barre (tableau généalogique du cabinet des titres).

B. *Philippe* de Lalaing, né vers 1500, légitimé par lettres datées de Malines en mars 1523, moyennant finance, taxée à soixante livres, lors de l'enregistrement à Lille (20e registre, f° vijxx x v°), ayant « esté engendré au corps d'une damoiselle Tsaheau, b[âtarde] de Hau-bourdin, icelle estant constituée en estat de

mariage, qui est condicion notablement ag-
gravant ladite faulte de progeniture, combien
que, au jour de la nativité dudict *Philippe*,
celle feusse devenue vesve »; ainsi qu'il est expliqué dans l' «ampliation » datée de Bruxelles, le 28 mars 1534 (vieux style), et enregis-
trée à Lille, le 8 avril 1535 (22e registre, f°
cjx v°).

D'après le tableau généalogique du cabinet
des titres, le comte d'Hoochstraté aurait eu ses
bâtards *Philippe* et *Antoine* de la même
femme «damoiselle Isabeau *de Luxembourg*,
« b» de Haubourdin, concubine,» qui portait:
«D'argent au lion de gueules, la queue fourchée passée en sautoir, couronné, lampassé et
armé d'or, au filet brochant d'azur posé en
barre. «....

Cette bâtarde d'Haubourdin était bien certainement fille de Jean *de Luxembourg*, bâtard de Saint-Pol, chevalier, seigneur d'Haubourdin, fils du trop fameux connétable de
Saint-Pol, et d'Amele *de Souère*, «loré tous
deux mariez» légitimé en 1498, étant «desjà
anchien homme. (1) mort à Lille en 1503.
Dans un dénombrement du fief du château
d' «Amerin» servi à la comtesse de Vendôme,
en 1508, par dame Anne *Carondelet*, veuve
dudit seigneur d'Haubourdin, il est parlé de
quatre bonniers de terre, appartenant à *M*lle

(1) Archives départ., chambre des comptes, 476 reg. des chartes,
f° lix v°. Cette légitimation est omise en la table du registre.

Ysabeau de Habourdin, lesquels sont situés et enclos au pourpris dudit chasteau, qu'elle tient dudit chastel d'Amerin » (1).

De vieux manuscrits généalogiques désignent ainsi la mère de *Philippe* de Lalaing : « Isabeau *de Luxembourg*, fille bâtarde de Ferdinand (*sic*) *de Luxembourg*, seigneur de Hautbourdin, et de Jacqueline *de Bruaen* » (2).

Philippe de Lalaing est l'auteur de la branche d'Audenarde, qui suivra.

D'après la généalogie de Lalaing de la collection Malotau, le comte Antoine aurait eu, de la « demoiselle particulière » qui avait été mère de son bâtard *Antoine*, une fille : *Hélène* de Lalaing, mariée à Melchior, bâtard *de Culembourg*, dont elle n'eut pas d'enfant, « puis se fit religieuse et devint abbesse de..... » (3).

Dans la *Correspondance de Maximilien et de Marguerite d'Autriche*, publiée par l'archiviste Le Glay (Paris, Renouard, 1839, in-8°, I, page 302), il y a une lettre de l'empereur à sa fille, datée de Veylheym, le 24 juillet 1510, concernant « *Anthoine* de Lalaing, seigneur de Montygny», qui désirait résigner l'office de bailli de Lens en Artois, « au prouffit de Charles de Bugnicourt (*sic*), *son beau fils.* » Quoiqu'il n'y ait pas d'er-

(1) Bibl. nation., collection Moreau, vol. 260, f° 134 ; tiré des archives du château d'Havrincourt.

(2) Goethals, *Diction. généalog. et hérald.*, Bruxelles, 1850, in-4, III, sans pagination : Lalaing.

(3) Bibl. publique de Douai, Ms. 891, vol. 10, f° 193.

reur d'impression, ainsi que nous l'avons constaté en vérifiant la pièce originale, néanmoins ce
passage de la dépêche impériale n'en est pas plus
compréhensible ; il s'agit de Charles *de Bernemicourt*, écuyer, seigneur de La Thieuloye, qui
fut en effet bailli de Lens ; mais comment pou-
vait-il être beau-fils d'*Antoine* de Lalaing, qui
n'était pas marié alors ? et cette expression ne
peut s'entendre dans le sens de gendre (de la
main gauche), attendu que le seigneur de Montigny était trop jeune pour avoir déjà, en 1510,
une bâtarde mariée ; enfin d'après les généalogies, la femme de Charles *de Bernemicourt*
s'appelait Florence *Le Fevre* dit *de Hemstede*,
héritière de Liefvelt en Hollande (1). Évidemment la chancellerie impériale aura commis une
erreur en écrivant « son beau fils », comme elle
venait d'en commettre une en écrivant « Bugnicourt ».

3° *Antoinette* de Lalaing, mariée à Philippe,
seigneur DE HABART, chevalier; dont postérité (2).

(1) Laurent Le Blond, *Quartiers généalog.*, Bruxelles, 1788, in-8,
I, p. 146. — Les portraits de « Charles de Bernemicourt, sʳ de La
Thieulloye », et de sa femme « Florence de Hemstere » figurent,
sous les nᵒˢ 247 et 248, dans le précieux recueil de la Bibliothèque
d'Arras (Ms. 266 du *Catalogue* Caron). Cf. Dinaux, *Arch. hist. et
littér.*, Valenciennes, 1852, in-8, 3ᵉ série, III, p. 166.

(2) D'après Goethals, *Miroir*, II, pp. 513 et 630, elle aurait convolé avec un certain Michel, seigneur de Sars, dont elle aurait eu
notamment Anne, dame de Sars, mariée à Gérard de Harchies; mais
la chronologie dément l'assertion du généalogiste bruxellois, attendu
que dès l'an 1475 « messire Grart de Harchies » se qualifiait soi

4° *Marguerite de Lalaing*, chanoinesse de Mons en 1487, épouse 1° de Philippe Le Josne de Contay, écuyer, seigneur de Forest, gouverneur d'Arras, mort en 150. [2 mars] 1505, de ... Louis de Lendunvaux, chevalier, seigneur de Vernetil, dont elle était veuve en 1527 ...

Jesse de Lalaing paraît avoir laissé en outre un bâtard 1.

1° ... Antoine de Lalaing, écuyer, bâtard de Montigny. Anthoine de Lalaing fut au nombre des jeunes hommes « que le prince Philippe de Clèves, seigneur de Ravestein, » avait mandés du pays de Flandres « pour prendre part à son expédition contre les Turcs, entreprise par ordre du roi de France, l'an 1504 ; mais en retour, au mois de novembre, il périt dans une tempête, avec plusieurs autres gentilshommes montés sur le navire *la Pensée*. C'est Molinet qui rapporte le fait dans ses *Chroniques*, tome V, pages 189-190 (édition Buchon, Paris, 1828, in-8°).

Son obit se célébrait en l'église de Lalaing, le 26 novembre. *Preuves*, n° XXX.

gneur de Sars (Jean de Haynin, *Mémoires*, Mons, 1842, in-8°, II, p. 269).

a. Le fils d'Antoinette de Lalaing, Pierre, seigneur de Habart, devint gouverneur d'Arras en 1524 et mourut en 1535 (Ferry de Locres, *Chronicon Belgicum*, Arras, 1616, in-4, p. 470).

XIII. Charles I, baron (par érection de l'an 1508) puis comte de Lalaing (par création de l'an 1522), doyen des pairs de Hainaut, chevalier de la Toison d'or en 1505, gouverneur d'Audenarde en 1508, marié vers 1494 à Jacqueline de Luxembourg-Fiennes, décéda au château d'Audenarde en 1525 ; il gît à Douai, en l'abbaye des Prés ; son magnifique tombeau est conservé au Musée de notre ville.

Né vers 1466, à Lille, il entra en jouissance de la terre de ses ancêtres, en 1498, après la mort de son cousin *Jean*, et s'occupa beaucoup de son domaine ainsi que de ses « sujets » de Lalaing. Préparant de longue main la dignité future de sa seigneurie et afin de la rendre plus considérable, le « baron » de Lalaing (titre qu'il s'attribuait déjà auparavant), obtint, en 1508, l'érection de sa terre en baronnie pairie de Hainaut, avec incorporation de la terre de Quévy-le-Petit, ainsi que de celles d'Escaillon et de Bruille, en 1511, pour tenir le tout « en ung seul fief » de pairie (*Preuves*, nᵒˢ XX et XXI).

Voici les noms de ses enfants :

1° *François* de Lalaing, mort jeune, enterré à Deynze, devant la tombe de *Simon*, son bisaïeul, sous une pierre, ornée de blasons, et sur laquelle il est qualifié de « second enfant et fils aîné de messire *Charles*, comte de Lalaing » (Goethals, *Miroir*, II, page 514).

C'est à lui et à son frère *Jacques* que Luxembourg le hérant dédie en 1509 « Le Blason des armes de Lalaing. »

2° *Jacques* de Lalaing, seigneur d'Escornaix (et fils aîné, en 1517), « capitaine » (gouverneur militaire) d'Audenarde, chambellan de Charles-Quint, « qui trepassa en revenant du siege de Maisiere », le 30 octobre 1521 ; gît au couvent de Beaumont à Valenciennes.

3° Charles, qui suit.

4° Philippe de Lalaing, auteur de la branche d'Hoochstrate, qui suivra.

5° *Marguerite* de Lalaing, née à Audenarde vers le mois de septembre 1508, morte en 1602, mariée à Evrard, chevalier, seigneur DE PAL-LANT ; dont postérité et notamment les comtes de Culembourg.

6° *Anne* de Lalaing, chanoinesse de Mons (en 1515), épouse de Josse, comte DE MONTFORT ; dont postérité.

XIV. CHARLES II, comte de Lalaing, chevalier de la Toison d'or en 1531, gouverneur et grand bailli de Hainaut, gouverneur général des Pays-Bas en 1557, capitaine d'une bande d'ordonnance, conseiller d'Etat, chef des finances ; ayant été employé par Charles-Quint et Philippe II « en leurs plus grandes et importantes affaires, tant de paix que de guerre ».

Né vers 1506, il mourut de la dyssentrie, à Bruxelles, le 21 novembre 1558 (1), tenant alors le premier rang à la cour, à cause de son âge, de son nom et des grandes affaires qu'il avait longtemps traitées pour

(1) Nicolas Le Borgne, élu d'Artois, composa un *epicedium* ou poème funèbre en l'honneur du défunt (Ferry de Locres, *Chronicon*, Arras, 1616, in-4, p. 692).

ses maîtres; mais il s'était fait un ennemi du fameux Granvelle, ministre favori de Philippe II, dans l'esprit duquel le futur prince de l'Eglise avait déjà perdu son adversaire avec son habileté ordinaire.

Du magnifique tombeau , qui fut érigé en l'église de Lalaing, notre Musée conserve la statue couchée et l'inscription sur une grande plaque de cuivre.

Il avait d'abord été destiné aux honneurs ecclésiastiques, comme cadet; prieur commendataire de Saint-Sauve près Valenciennes vers 1519, la coadjutorie de l'évêché d'Utrecht et le chapeau de cardinal étaient en 1522 sollicités pour lui par Charles Quint auprès du pape Adrien VI, en considération de son oncle, le tout puissant comte d'Hoochstrate (1). Il fut évêque de Coria en Espagne. Ce n'est pas avant 1524 (quoique son frère aîné fût mort depuis 1521) qu'il résigna ses bénéfices pour prendre l'épée et se marier.

De sa première femme, Marguerite DE CROY-Chimay, morte en 1549, et qu'il avait épousée à Binche le 30 août 1528, il eut :

    1° Philippe, qui suit.

    2° à 12° Onze autres enfants qui moururent jeunes, avant leur père.

De sa seconde femme, Marie DE MONTMORENCY (sœur du fameux comte de Hornes), qu'il épousa vers 1550 et qui convola en 1562 avec le comte Pierre-

(1) Gachard , *Correspond. de Charles-Quint et d'Adrien VI* , Bruxelles, 1859, in-8°, pp. XXXIV, XXXVII et 204.

10.

Ernest *de Mansfelt*, chevalier de la Toison, gouverneur du Luxembourg, il eut au moins quatre enfants:

13° *Hugues* de Lalaing, seigneur de Condé , né à Valenciennes en novembre 1551, baptisé le 23 en l'église Saint-Jean, en grande solennité, ayant pour parrains Hugues *de Meleun*, prince d'Espinoy, et le seigneur de Bugnicourt (*Pontus* de Lalaing), et pour marraine sa grand'mère Anne *d'Egmont*, comtesse douairière de Hornes. Guichardin le signalait vers 1565 comme un « jeune seigneur de grand lustre, qualité et réputation,»ce qui ne l'empêcha point de devenir « débille d'esprit » (dès avant 1580), état dans lequel il vécut jusqu'en 1618 ; il gît en l'église Notre-Dame de Condé. En 1583, Pontus Heuterus, dans ses *Genealogiae*, page 47, le désignait ainsi : *vir non integræ mentis*.

14° *Charles* de Lalaing, né à Valenciennes le 4 mars 1553 (vieux style), baptisé le 15, en l'église collégiale de la Salle-le-Comte, par l'abbé de Saint-Jean, « avec grande pompe et magnificence, » ayant pour parrains Charles-Quint , représenté par le comte de Boussu , et Mr de Wimes, et pour marraine la régente des Pays-Bas, Marie, sœur de l'empereur, représentée par la duchesse d'Arschot. Il mourut jeune , avant son père.

15° *Emmanuel* de Lalaing, seigneur de Montigny (Saint-Christophe), *dit* le baron de Montigny, marquis de Renty (par sa femme), chevalier de la Toison d'or en 1586 , gouverneur et

grand bailli de Hainaut en 1582, amiral de la
mer belge, général de l'infanterie wallonne,
capitaine d'une bande d'ordonnance; né à Valenciennes en 1557, mort à Mons le 27 décembre 1590, époux d'Anne DE CROY-Renty. Il gît
au cœur de l'église de Condé.

Il se signala pendant les troubles comme
prince des Malcontents, ayant alors la situation,
presque sans exemple, d'un général de vingt-un
ans qui n'obéissait à aucun des pouvoirs en train
de se disputer un pays livré à la guerre civile et
à l'invasion, et qui était assez fort pour tenir
entre ses mains les destinées de sa patrie. Il finit
par se déclarer pour la cause de l'Espagne, ré-
solution qui fut loin d'être désintéressée.

Nous lui connaissons ces enfants:

A. *Alexandre* de Lalaing, *dit* le marquis
de Renty, né à Valenciennes vers le mois de
novembre 1583, tué au secours de L'Ecluse
assiégée, en 1604.

B. *Marguerite* de Lalaing, née à Valenciennes, en décembre 1584, morte avant son
père.

C. *Jeanne de Lalaing*, dame de Condé,
mariée à Jean DE CROY, comte de Solre, chevalier de la Toison d'or, « le plus galant et le
plus grand dépensier du Pays Bas en son
temps », au dire de Vuoerden (1). Morte en

______

(1) *Compte rendu des séances de la Com. royale d'histoire*,
Bruxelles, 1869, in-8o, 3o série, X, p. 338.

1649. Dont postérité, notamment les ducs de Croy modernes.

16° *Philippe-Chrétienne* de Lalaing, mariée par contrat du 26 avril 1571, passé à Luxembourg, avec Pierre DE MELEUN, alors appelé : « Pierre de Werchin , seneschal heritable de Haynnaut » ; le duc d'Albe s'y était fait représenter par le conseiller *d'Assonleville* (1). Son mari, ayant repris en 1579 les nom et armes *de Meleun*, après la mort de son frère aîné, s'illustra sous le titre de prince d'Espinoy. L'héroïne de Tournai décéda à Anvers, le 8 juin 1582 (2). Elle « fut enterrée au chœur de l'église de l'abbaye Sainct-Michel en ladite ville, selon les cérémonies romaines ». (3)

Elle n'a point laissé de postérité. En octobre 1580 , elle accoucha à Tournai d'un fils (qui mourut jeune). Voici ce qu'on lit dans une lettre du prince d'Espinoy au fameux prince d'Orange : « ... Vous ay bien voulu remercier humblement de la congratulation que vous m'avez faict, qu'il

(1) Archives du parlement de Flandres, au greffe de la cour d'appel de Douai, fonds du greffe de Malines, sac n° 180; copie collationnée.

(2) « Estant sortye, apres la rendition de Tournay, pour aler trouuer son mary en Anuers, morut en chemin, estant tombée a la renuers »; f° 478 du Ms. fr. 744 de la bibl. nationale; Nécrologe de Franchomme, composé vers 162 à Houplines sur la Lys. — L'exactitude de l'anecdote est d'autant plus douteuse que la princesse, qui quitta Tournai le 1er décembre 1581, vécut encore pendant six mois.

(3) Le Petit, *L'Histoire des Pays-Bas*, à St-Gervais, 1604, pet. in-8o, II, p. 52.

a pleu à Dieu me donner ung filz eu ma plus grande adversité en temps tant turbulent. J'espère qu'il croistra en toute vertu, pour, avecq le temps, tenir la mesme partie de son père et revenger sa patrie...., Madame ma mère m'a faict cet honneur de lever mon filz du fond de baptesme, et maina en sa compaingnie madame de Lallaing [femme du comte *Philippe*; voir ci-après, XV] et mesdames mes sœurs : ils n'ont riens oublié à me bien prescher et ramentevoir mon salut .. » (1). On sait que le prince d'Espinoy, dépouillé de ses biens par les Espagnols, s'opiniatrait, quoique catholique, dans la lutte contre la domination étrangère.

XV. PHILIPPE, comte de Lalaing, gouverneur et grand bailli de Hainaut, capitaine d'une bande d'ordonnance, conseiller d'État; « procréé en Bruxelles » (2) et né, vers 1545, à Valenciennes, en l'hôtel de Lalaing, selon les annalistes valenciennois; marié à Bruxelles, vers le mois de juin 1569, avec Marguerite DE LIGNE dit D'ARENBERG, fille de Jean *de Ligne*, chevalier de la Toison d'or, et de Marguerite *de La Marck*, comtesse d'Arenberg, il mourut à Valenciennes, des suites d'un accident de cheval, le 24 mai

(1) Gachard, *Correspond. de Guillaume le Taciturne*, IV, p. 257.

(2) Discours du comte aux députés de Bruxelles, prononcé à Mons le 19 mars 1579 (Gachard, *Actes des états généraux, Bruxelles, 1866, in-8°*, II, p. 495). — Lettre du comte au magistrat de Bruxelles, datée de Valenciennes, 7 avril 1579 (Simon Le Boucq, Histoire civile de Valenciennes, Ms., II, p. 184; cabinet de M. Amédée de Ternas).

1582. Gisant à Lalaing, sous une tombe somptueuse,
dont il reste des débris dans le jardin de notre Musée.

Il eut le projet de convertir en ville forte l'humble
village de Lalaing, chef-lieu de « son comté », et
commença en 1573 certains travaux à cet effet ; il usa
aussi de son crédit pour obtenir de l'abbé d'Anchin
la renonciation à des droits gênants pour l'indépen-
dance de sa seigneurie, et rentra notamment dans la
possession du moulin banal aliéné en 1242 par *Simon* II. (*Preuves*, n°° XXVII à XXIX.)

L'épisode capital de la vie mouvementée de ce seigneur, c'est sa tentative pour réunir les provinces
wallonnes à la mère patrie, avec assurance du main-
tien exclusif de la religion de nos pères, à laquelle la
presque unanimité des habitants était entière-
ment dévouée. Malheureusement il ne fut pas à la
hauteur du rôle qu'il avait ambitionné, et ses intri-
gues n'aboutirent qu'à rouvrir les portes du pays aux
Espagnols, à la merci desquels il se trouva. Quoique
mille fois plus coupable que l'infortuné *d'Egmont*,
le comte de Lalaing reçut caresses, honneurs et
« mercedes » : car la politique de Philippe II avait
totalement changé, sous l'influence de l'habile
Alexandre *Farnèse*, qui, s'il protégeait le comte *Philippe* contre les vengeances espagnoles, se dédomma-
geait dans sa correspondance secrète avec le roi, en
témoignant son mépris pour le personnage.

Nous lui connaissons comme enfants :

1° *Pierre-Emmanuel*, qui mourut jeune (1).

____

(1) Bibl. nation., Ms. fr. 764, f° 479.

2° François, qui suit.

3° *Marguerite*, comtesse de Lalaing (après son frère), née au château de Lalaing, vers le mois d'avril 1574, mariée, vers le mois de septembre 1592, avec Florent, comte DE BERLAYMONT, chevalier de la Toison d'or, veuf d'Hélène *de Meleun*; fondatrice du monastère des chanoinesses de Berlaymont à Bruxelles, où elle fut inhumée après sa mort arrivée le 21 février 1650. Dont deux filles qui ont eu postérité.

4° *Chrétienne* de Lalaing, épouse de Maximilien, comte DE BAILLEUL (par création de 1614). Dont deux filles qui eurent postérité.

5° *Marie* de Lalaing , nommée, avec les précédents et la suivante, tous alors mineurs, dans des actes de 1582 et 1583, relatifs à la succession de leur père.

6° *Anne* de Lalaing, morte jeune, comme sa sœur qui précède.

Vers le commencement de mai 1580, le marquis de Roubaix (Robert *de Meleun* , dont la femme s'appelait Anne *Rolin*), général de la cavalerie au service du roi d'Espagne dans les Pays-Bas, demandait congé au prince de Parme, « pour aller à Valenchiennes lever la fille du comte de Lalaing » (1).

XVI. FRANÇOIS, comte de Lalaing, né à Mons en 1577, ayant eu pour parrain François, fils de France,

(1) Gachard, *Correspond. de Guillaume le Taciturne*, IV, p. 280, note.

duc d'Anjou et d'Alençon; mort à Douai, le 11 février 1590, jeune étudiant au collège de Marchiennes. Gît à Lalaing.

Branche d'Hoochstrate.

XIV. Philippe de Lalaing (fils du comte *Charles I*), comte d'Hoochstrate (en 1540 après la mort de son oncle *Antoine*), né vers 1510 , connu d'abord sous le nom de seigneur d'Escornaix, chevalier de la Toison d'or en 1546, gouverneur de Gueldre, ainsi que d'Audenarde en 1525, capitaine d'une bande d'ordonnance; marié, par contrat passé à Bruxelles le 28 janvier 1532 (vieux style), à Anne DE RENNEBOURG, fille de Guillaume, comte de Rennebourg, et de Cornélie *de Culembourg*. Mort le 30 juin 1555, il gît à Hoogstraeten sous un riche tombeau. Sa veuve testa à Tournai le 3 septembre 1583.

Il eut un grand nombre d'enfants :

1° Antoine, qui suit.

2° *Maximilien* de Lalaing, mort jeune.

3° *George* de Lalaing, comte de Rennebourg (1) vers 1576, connu d'abord sous le titre de baron de Ville, gouverneur de Frise en 1576 , capitaine d'une bande d'ordonnance , colonel d'un régiment d'infante ie wallonne, chef des finances pour les Etats-Généraux; mort à Groningue en juillet 1581.

(1) Terre du côté de Cologne, dont disposa en sa faveur, par acte entre-vifs, son oncle maternel Herman, comte de Rennebourg, prévôt de Saint-Sauveur d'Utrecht et chanoine de Liége.

Nommé par les Etats-Généraux au gouvernement de Frise, pour le défendre contre les Espagnols, il mit tout en œuvre pour le livrer à ces derniers, par le moyen d'un coup d'Etat qui réussit à Groningue, le 3 mars 1580 (1).

Il portait : Ecartelé, aux 1 et 4, *de Lalaing* plein ; aux 2 et 3, d'argent à deux chevrons d'azur, qui est *de Rennebourg*, et sur le tout : écartelé, aux 1 et 4, d'argent au lion de gueules, couronné d'or et armé d'azur, la queue fourchée passée en sautoir; aux 2 et 3, de gueules à une étoile de seize rais d'argent, qui est *de Luxembourg*-Fiennes (cabinet des titres; tableau généalogique).

Il eut plusieurs bâtards de différentes « damoiselles » :

A. *Abraham* de Lalaing, bâtard de Rennebourg, qui porta comme son père, avec un filet d'or posé en barre, brochant sur le 1 (Id.).

B. *Philippe* de Lalaing, bâtard de Rennebourg, qui brisa d'un filet d'azur posé en barre, brochant sur le 1 (Id.).

(1) Dès la mi-avril 1579, Emmanuel de Lalaing, baron de Montigny (voir 2e branche, XIV 150) croyait pouvoir assurer des agents espagnols « que, sy le sieur de. Ville pooit avoir quelque espoir, par l'e de Sa. Maté ou aultrement, que le gouvernement de Frize, où il est ad present commis, luy fut accordé, que sans faulte nulle il se rengeroit du party de Sa. Maté ». Lettre de l'évêque d'Arras, du baron de Selles et du sieur de Vaulhuon, à l'ambassadeur d'Espagne à Paris, datée d'Arras, 23 avril 1579. — Archives nationales, fonds de Simancas, carton K 1554, original, avec la traduction espagnole.

C. *David* de Lalaing dit d'Imbrechies, bâtard de Rennebourg (1).

4° *Isabeau* de Lalaing, l'aînée de tous les enfants, morte jeune.

5° *Marguerite* de Lalaing, la seconde de tous les enfants, vers 1561 épouse de Philippe, comte DE LIGNE, chevalier de la Toison d'or. Morte en 1598. Dont postérité, notamment les princes de Ligne modernes.

6° *Anne* de Lalaing, quatrième enfant, chanoinesse à La Thore.

7° *Marie* de Lalaing, cinquième enfant, décédée après sa mère, dont elle hérita le fameux *Liber Passionis*, qui avait appartenu au roi d'Angleterre Henri VII et qui est conservé depuis des siècles dans la bibliothèque des princes de Ligne au château de Belœil en Hainaut. Voici ce qu'un prince de Ligne (fils de *Marguerite* de Lalaing, nommée ci-dessus) écrivait en 1609 à la fin de ce précieux volume :

« La comtesse Isabeau d'Hochstrate et Culembourg (2)
Tint ce chef d'œuvre ancien entre son heritage.
Depuis sa chere niepce Anne *de Rennebourg* (3),
Succedant à ses biens, eut ce livre en partage.

(1) Bibl. nation., Ms. fr. 744, f° 471 v°; Nécrologe de Jean Franchomme, composé vers 1620 à Houplines sur la Lys. — Généalogie de Lalaing, insérée dans un Recueil généalogique Ms. en 14 vol. in-4°, écriture du XVIII° siècle, appartenant à M. Amédée de Ternas, vol. coté I. K, L, f° 113 r°, 1re colonne.

(2) Femme d'Antoine de Lalaing, comte d'Hochstrate; voir 2° branche, XII 2°.

(3) Femme de Philippe de Lalaing, comte d'Hochstrate ; voir branche d'Hochstrate, XIV.

» Sa fil· de Lalai g *Marie* l'herita,
De qui les quatre sœu s (1) apres le posse lerent,
Dont ma mere eut un quart qu'elle me transporta,
Les trois, à ma faveur, leur part me delaisserent. » (2)

8° *Cornélie* de Lalaing, sixième enfant, née vers 1544, mariée à Malines, le 28 décembre 1576 , avec Guillaume DE HAMAL , baron de Monceau; morte le 15 novembre 1610; gît en l'église collégiale de Termonde. Dont postérité.

Au prix des plus grands périls, elle alla en Frise, auprès de son frère *George*, pour le décider à embrasser le parti de l'Espagne.

9° *Barbe* de Lalaing, huitième enfant, épousa, à Malines , le 14 novembre 1564, le comte Maximilien D'OOST-FRISE, chevalier de la Toison d'or. Dont plusieurs filles, l'une mariée dans la maison de Tilly et de qui descendent les comtes de Tilly modernes.

10° *Isabeau* de Lalaing, dixième enfant, chanoinesse à Mons en 1555.

11° *Willemine* de Lalaing.

12° *Jakemine* de Lalaing.

13° *Hélène* de Lalaing.

XV. ANTOINE I de Lalaing, comte d'Hoochstrate, chevalier de la Toison d'or en 1559, gouverneur de Malines et d'Anvers en 1566, pendant les troubles, capitaine d'une bande d'ordonnance ; né à Bruxelles,

(1) Probablement Marguerite, Anne, Cornélie et Barbe.
(2) Dinaux, *Archiv. histor. et littér.,* Valenciennes, 1838, in-8, 1re série, II, p. 542.

vers 1535, marié à Wert, par contrat du 9 novembre
1560, à Eléonore DE MONTMORENCY, veuve du seigneur
de Bugnicourt (*Pontus* de Lalaing; voir première
branche, XIV); mort le 11 décembre 1568, dans les
environs de Reims, des suites d'une blessure qu'il
avait reçue (1), le 20 octobre, au combat de la Geete,
dans le Brabant, durant la campagne infructueuse du
prince d'Orange contre le duc d'Albe.

Catholique, mais jeune et turbulent, il s'était jeté
étourdiment dans le parti des Gueux et du prince
d'Orange; finalement il y perdit fortune, honneurs,
joies de la famille, tout jusqu'à la vie.

Ainsi qu'il est arrivé plusieurs fois après la dispa-
rition d'un haut personnage mort dans des conditions
tragiques, un imposteur voulut se faire passer pour
le feu comte d'Hoochstrate. A Landrecies, le 25 mars
1576, fut pendu un soldat français qui avait été pris
à Hautrage, assez près de Mons, à la déroute du général huguenot Genlis, le 17 juillet 1572; lequel
individu, *par avant se disant le comte de Hoostraete*,
fut reconnu pour un nommé « Anthoine *Delafosse*,
ayant esté soldat et par avant laquaye à quelque seigneur franchois » (archives départementales, compte
du grand bailliage de Hainaut, 1575-1576, f° lxviij
v° et suivants).

Nous lui connaissons ces enfants :

1° *Guillaume* de Lalaing , comte d'Hoochstrate, de Hornes et de Rennebourg, né vers le

(1) Hoynck, *Analecta Belg.*, La Haye, 1743, in-4, I, p. 693.

mois de mars 1563, baptisé en la cathédrale de
Malines, ayant pour parrain le duc de Clèves
(Guillaume, 1539-1592) ; marié au même lieu,
en 1587 , à Marie-Christine D'EGMONT (fille de
l'infortuné comte), veuve d'Oudart *de Bournon-
ville*, comte d'Hennin-Liétard; laquelle convola
en troisièmes noces avec le prince Charles *de
Mansfelt*. Il mourut en 1590 (1), laissant un fils
unique.

A. *Antoine* II de Lalaing, comte d'Hoochstrate, etc. , chevalier de la Toison d'or, gentilhomme de la chambre de l'archiduc Albert,
capitaine d'une compagnie d'ordonnance ; né
vers 1588 , il épousa, vers 1611 , sa cousine
Marie-Marguerite DE BERLAYMONT , héritière
présomptive de la terre de Lalaing, fille aînée
du comte de Berlaymont et de *Marguerite* ,
comtesse de Lalaing (voir seconde branche ,
XV 2°), et mourut vers 1613.

Il portait *de Lalaing* plein, ayant abandonné la brisure d'Hoochstrate et se considérant
comme chef de sa maison, quoique le « débille
d'esprit » *Hugues* de Lalaing vécût encore
(voir seconde branche, XIV 13°).

2. *Philippe-Herman* de Lalaing, prévôt de

(1) En mars et mai 1579, il étudiait à Paris, ainsi que l'un de ses
frères.—Lettres de la comtesse douairière d'Hoochstrate , écrites de
Cambrai, 25 mars, et d'Aire, 13 mai, et adressées à l'ambassadeur
d'Espagne à Paris (archives nationales , fonds de Simancas, cartons
K 1556 et 1554, copies).

Nivelles (1639-1657) et chanoine de Liége; né à Anvers, en février 1567, ayant eu pour parrain Herman, comte de Nieuwenaer, il mourut en 1657.

C'est donc bien à tort que, dans une notice insérée dans le *Messager des sciences historiques* (Gand, 1866, in-8°, pages 62-63), M. Rahlenbeek fait peser sur le fils du « patriotique comte *Antoine* de Lalaing, » c'est-à-dire sur un enfant d'onze ans, l'accusation d'avoir empoisonné à Liége, le 24 avril 1578, le farouche chef des Gueux de mer, Guillaume *de La Marck*, seigneur de Lumey; quant au « chanoine tréfoncier de Rennenberg » à la table duquel Lumey se serait mal trouvé d'avoir dîné, c'est sans doute Herman, comte *de Rennebourg*, mort à Liége en 1585, un grand oncle paternel de *Philippe-Herman* de Lalaing. Faute d'une étude attentive des renseignements généalogiques, on s'expose souvent à fausser l'histoire.

3° Charles, qui suit.

4° *Anne* de Lalaing, morte en février 1613, mariée en 1581, par contrat passé au château de Dangu, bailliage de Gisors, avec Guillaume DE MONTMORENCY, seigneur de Thoré (l'un des fils du fameux connétable duc Anne), chevalier des ordres du roi, colonel général de la cavalerie légère de Piémont, qui était veuf d'Eléonore *d'Humières*. Dont une fille unique, mariée au duc de Piney (Henry *de Luxembourg*) et ayant laissé postérité.

Brantôme (*Œuvres*, Paris, 1867, in-8°, III,
page 375), dans son ouvrage : « Les vies des
grands capitaines françois », a consacré un article à la mémoire du seigneur de Thoré, mort
vers 1594.

Comme « tres haulte et tres puissante dame
madame de Thoré » se trouvait à Strasbourg,
« ville libre impérialle », elle vit venir à son logis, le 11 août 1597, « environ sept heures du
matin », *Croise*, «l'un des vallets de chambre or-
dinaires de la Ma^té tres chrestienne de France et
de Navarre », qui lui remit « une 1re missive de
Sadicte Majesté à elle escrite » (1), et qui ensuite
« luy declaira plus amplement l'intention de
Sad^e Ma^té, selon les articles de son instruction
qu'il avoit, signée de la main de Sad^e Ma^té ».
Croise revint à huit heures et « bailla à l'un des
principaulx gentilzhommes » de la suite de la
dame de Thoré la copie collationnée des articles
de son instruction, « pour, par icelle dame, estre
donné responce sur lesd^e articles ».

Il paraît qu'à la cour du roi Henri IV on avait
interprêté dans un mauvais sens la sortie du
royaume de la dame de Thoré, qui avait em-
mené sa fille, une *Montmorency*, pour la marier,
disait-on, à un étranger (2). Voici la réponse

(1) Elle ne se trouve pas dans le *Recueil des lettres missives de
Henri IV*, Paris, 1843-1876, 9 vol. in-4.

(2) Le 19 juin précédant, avait été signé le contrat de mariage de
la demoiselle de Thoré, la mère et tutrice étant présente, avec le

qu'elle fit de vive voix, « sur les cinq heures
apres midy », à l'envoyé du roi : « Elle se re-
congnoissoit tres humble subjecte et obeissante
à Sa Ma^té, et tenoit Sa Ma^té pour son roy, aussy
luy obeyroit elle de bonne volonté. Et qu'elle
n'auroit jamais pensé de traicter le mariage de
madamoiselle de Thoré, sa fille, et que ce n'estoit pas le subject qui l'auroit faict venir en ces
quartiers icy. Et promettoit à Sad^e Ma^té de ne
consentir au mariage de sad^e fille, quelque party
qui se puisse presenter, sans le consentement de
de Sad^e Ma^té et advis des plus proches parens de
sad^e fille. Dict qu'elle estoit venue à Nancy que
pour traicter ses affaires particullieres avec
mess^rs ses freres et mesdames ses sœurs, et depuis venue icy tant à cause de la contagion qui
estoit à Nancy, que pour dire adieu à son beau
frere, le seigneur baron de Bopperehen (1), et à
madame sa femme, sa sœur, qui alloient en On-
grie. »

Alors *Croise* lui ayant fait « commandement,
de la part de Sad^e Ma^té », de retourner en France
et d'y ramener « lad^e damoiselle sa fille », elle
répondit « qu'elle estoit en ceste deliberation de
si acheminer le plus promptement qu'il luy se-
roict possible et rendre obeissance à Sa Ma^té, mes-

prince de Tingry (Henry de Luxembourg), fils du duc de Piney
(Du Chesne, *Preuves* de l'*Hist. généa.* de la maison de Montmorency, Paris, 1624, in-4, p. 342).

(1) Boppart.

mes que, encores que ledit commandement ne luy eust esté faict, elle estoit deliberée de ce faire ». »

Toutefois, le 24 août suivant, elle était encore en Lorraine, à Blamont, d'où elle écrivait à Henri IV pour protester contre les intentions « qu'aucune de mes ennemyes », dit-elle, lui avait prétées. Le même jour, elle écrivit à son beau-frère, le connétable duc *de Montmorency*, lui assurant que son séjour en Lorraine « n'a esté à autre subject que, auant mon retour en France, dire le dernier adieu à ma sœur, qui prit resolution de suivre son mary à Vienne en Austriche, ou bien par mes prieres je pensoie l'en f° divertir. » (1).

5° *Marguerite* de Lalaing, qui vers 1585 épousa George BAYER de Boppart, *dit* le baron de Boppart, seigneur de Châteaubrehain en Lorraine.

Le « coronnel George *Bayer*, baron de Boppart », servit le roi d'Espagne à la seconde expédition en France du duc de Parme, l'an 1592 (2). Ce seigneur, étant allé en Hongrie, à la tête d'un régiment de cavalerie, mourut au siége de Bude, l'an 1602, le dernier du nom et des armes. Il était fils d'Adam, seigneur de Châteaubrehain, et de Marie *de Walberg. Bayer* de Boppart, famille lorraine dont la généalogie est

(1) Bibl. nation., Ms. fr. 3586, f°° 107 et 108 ; copies.
(2) Archives départ., chambre des comptes, reg. B 1792, f° 171.

11

établie à partir de 1357, porte : D'argent au lion
de sable, couronné, armé et lampassé d'or (1).

Selon les généalogistes *Marguerite* de Lalaing
convola avec le seigneur de Boncourt en Lorraine.

XVI. CHARLES de Lalaing, comte d'Hoochstrate,
de Hornes et de Rennebourg (après son neveu *Antoine*), chevalier de la Toison d'or en 1622, conseiller
d'Etat en 1624, membre du conseil de guerre, gentilhomme de la chambre de l'archiduc Albert, gouverneur de Tournai en 1615, puis d'Artois en 1624,
capitaine d'une compagnie d'ordonnance et colonel
d'un régiment d'infanterie wallonne ; connu d'abord
sous le titre de baron d'Hachicourt (près d'Arras), se
distingua dans la guerre contre les Hollandais et
épousa en 1607 Alexandrine DE LANGLÉE, fille de Jacques, baron d'Eyne, et de Jacqueline *de Récourt*-Lic-
ques. Il mourut à Arras en 1626 et fut enterré en
l'église d'Hoogstraeten, sous un tombeau en marbre,
œuvre du sculpteur Pierre Scheemaeckers le vieux,
d'Anvers (2).

Il a laissé plusieurs enfants :

1° Albert-François, qui suit.

2° *Pierre-Jacques-Procope* de Lalaing, comte
de Rennebourg, sergent général de bataille,
gouverneur de Bruxelles vers 1667 ; né vers
1615, il était considéré, vers 1669, comme « le

(1) Bibl. nation., cabinet des titres , reg. 234, no 8487, Bayer
no 8; et portef. Bayer.

(2) *Bulletins de la Comm. royale d'histoire*, Bruxelles, 1848, in-
8o, XIV, p. 89.

dernier mâle de la maison de Lalaing » (1); il ne laissaqu'une fille, de Marie DE RENESSE-Warfuzée, qu'il avait épousée, en 1649, par contrat passé à Bruxelles, fille de René, comte de Warfuzée, et d'Alberte *d'Egmont*. Il mourut en 1698.

Une planche gravée de l'ouvrage intitulé *Jurisprudentia heroica* (Bruxelles, 1668, in-f°) donne les seize quartiers du comte de Rennebourg, qui portait alors les armes pleines de sa maison.

A. *Marie-Jacqueline* de Lalaing, « qui estoit fort belle et de peu d'esprit » (2), mariée en 1674 à son cousin germain Philippe-François DE BERGHES, comte de Grimberghe, créé prince de Berghes en 1686, chevalier de la Toison d'or (3). Dont postérité. Elle mourut en couches l'an 1685.

3° *Jacqueline* de Lalaing, dame du palais de l'infante Isabelle, qui la dota de 132 700 maravedis, vers 1628, lors de son mariage avec Philippe DE MERODE, comte de Middelbourg ; n'ayant pas d'enfant de cette union, elle convola, en 1631, à Tournai, avec Gillion-Otton, marquis DE TRAZEGNIES, gouverneur de Tournai lors de la

(1) *Id.*, 1869. 3° série, X, p. 351.
On ne tenait déjà plus compte du neveu de ce seigneur, lequel ne mourut cependant qu'en 1694. Voir ci-après, XVIII.

(2) Bibl. nation., Ms., Chan onnier Maurepas, t. XXVI.

(3) Voir son portrait tracé par Vnoe-den vers 1642. *Compte rendu des séances de la Com. royale d'histoire*, Bruxelles, 1869, in-8o, 3° série, X, p. 360.

conquête française (1). Dont postérité. Elle mourut en 1672.

4° *Marguerite* de Lalaing, chanoinesse de Mons en 1619.

5° *Anne-Isabelle* de Lalaing, chanoinesse de Mons en 1625.

6° *Léonore* de Lalaing, prévôte des chanoinesses de Berlaymont à Bruxelles (1648-1654), professe de 1632, morte en 1668.

7° *Philippine-Claire* de Lalaing, prévôte au même couvent (1671-1678), « consultrice » en 1686, professe de 1633, morte en 1691.

8° *Marie-Marguerite* de Lalaing, chanoinesse de Berlaymont, professe de 1636, décédée la même année.

XVII. ALBERT - FRANÇOIS de Lalaing, comte d'Hoochstrate et de Hornes, gouverneur d'Artois, capitaine d'une bande d'ordonnance, colonel d'un régiment d'infanterie haut-allemand, mort à Saint-Omer en 1643, ayant épousé : 1° sa cousine Marie-Claire, comtesse DE BAILLEUL (fille de Maximilien et de *Chrétienne* de Lalaing ; voir deuxième branche, XV 3°); 2° en 1637, à Anvers. Isabelle-Marie-Madelaine DE LIGNE-ARENBERG, fille d'Albert, duc d'Arenberg, chevalier de la Toison d'or, et de Marie *de Barbançon*, « belle, vive, engageante et sans contredit la mieux faite de la cour de Bruxelles » (2), qui

(1) Voir son portrait. *Id.*, p. 344.
(2) *Mém. de la Société de Cambrai*, 1867, in-8°, p. 147.

convola, en 1651 , avec Ulric , duc *de Wurtemberg*,
Il laissa plusieurs enfants.

Du premier lit :

1° François-Paul, qui suit.

Du second lit :

2° *Dorothée-Albertine* de Lalaing, nommée
en 1643 dans le testament de son père; morte
jeune.

3° *Marie-Gabrielle* de Lalaing , comtesse
d'Hoochstrate et de Hornes, après son frère, mariée à Charles, comte DE SALM, de la maison
Wild et Rhin Graff. Dont postérité, avec érection d'Hooogstraeten en duché, l'an 1740.

XVIII. FRANÇOIS-PAUL de Lalaing, comte d'Hoochstrate, de Hornes et de Bailleul, né en 1630, mort le
21 juin 1691, sans avoir été marié.

Il résulte de pièces de procédure relatives au testament du baron et de la baronne de Pecq (de la famille
de Langle), qu'en 1682, le comte d'Hoochstrate, privé de la raison, avait pour « curatrice » sa sœur la
« douarière de messire Charles Rheingraff. »

Branche de Quiévrain.

Elle écartela de Lalaing et de Quiévrain.

IX. SIMON I de Lalaing (fils puiné de *Simon* III ,
sire de Lalaing), chevalier, seigneur de Quiévrain
(en 1376, par achat de son cousin le sire d'Aspremont), de Hordaing et sénéchal d'Ostrevant (en 1362,
par achat du vidame de Chartres), bailli de Hainaut
(de 1358 à 1362 et de 1372 à 1386), mort en exercice,

l'an 1386, gisant au monastère de Beaumont à Valenciennes et ayant eu plusieurs enfants de sa femme Jeanne DU ROEULX dit d'Escaussines, savoir :

1° Simon, qui suit.

2° *Jean* de Lalaing, chevalier, 'sire de Hordaing et sénéchal d'Ostrevant, décédé vers 1420, sans enfant de Marie DE MELEUN, prévôte de Douai, qu'il avait épousée en 1404, fille d'Hugues, chevalier, sire d'Antoing, et de Béatrix *de Beausart.*

Vers l'an 1398, le seigneur de Hordaing fut « adjournés et tenus prisouniers ou castiel à Mons, pour souppechon, qui sour lui couroit, que de auoir fait ochire, par aucun de ses sieruiteurs et sans cause raisenauble, Jehan *de Maude,* bastard, et liquels fais li fu imposés à plain en le presence de mons' d'Ostreuant et de son conseil : quil mist en partie en ny. Sour coy, infourmacions li fu offierte à faire, que atendre ne veult, mais seu eut plus kier à raporter en lordenance doudit mons' d'Ostreuant qui, par deliberacion de sen conseil, len compoza en le somme de mil escus de Haynnau » (1).

Il paraît avoir laissé un bâtard :

A. *Jean* de Lalaing, bâtard de Hordaing, écuyer, vivant en 1440, époux de « damoiselle Jehenne LE JONNE, velve de Jehan *de Grés* » ; elle portait : De gueules à trois jumelles d'ar-

(1) Archives départ., compte du grand bailliage de Hainaut, du 1er septembre 1397 au 1er avril 1398, f° 12. — Cf. compte du 13 avril au 1er septembre 1398, folio 6.

gent. Lui-même avait pour armes : Écartelé
de Lalaing et de Quiévrain, la brisure de bâtardise étant un filet d'azur posé en barre et
brochant sur le tout (Cabinet des titres; tableau
généalogique).

Le 28 juin 1437, « *Jehan*, bastart de Hordaing, » acheta un fief situé « ou terroit
de Le Glisoelle » à « Jehan *dit* Bliart *de Le
Glisoelle*, escuier » (archives départementales, compte du grand bailliage de Hainaut,
1er septembre 1436 — 31 août 1437, f. 3).

3° *Guillaume* de Lalaing, chevalier, seigneur
de Hordaing et sénéchal d'Ostrevant (après son
frère), seigneur du Marés, mort vers 1435. En
1427, devenu chef de sa branche, il portait écartelé de Lalaing et de Quiévrain, sans brisure. De
sa femme, Marguerite DE LA HAMAIDE, fille de
Jean, chevalier, seigneur dudit lieu, et de Marie,
dame *de Waziers*, il ne laissa que :

A. *Jacqueline* de Lalaing, sans postérité de
son mari Raoul DE CRÉQUY, écuyer, beau-
frère de *Guillaume*, seigneur de Lalaing (voir
première branche, XI), auquel ces époux cé-
dèrent, vers 1441, la terre de Hordaing.

4° *Marie* de Lalaing, morte vers 1416, ayant
épousé : 1° en 1379, Willaume DE LIGNE, chevalier, fils aîné du sire de Ligne, mort sans hoir;
2° en 1384, Englebert D'ENGHIEN, sire de Ra-
meru, chevalier, avec lequel elle gît à l'abbaye
de Cambron ; dont postérité.

140 LE BLASON

5 *Mahaut* de Lalaing, décédée en 1406, femme d'Ansel, seigneur DE TRAZEGNIES, chevalier, avec lequel elle gît au prieuré d'Herlemont, près de Trazegnies et de Floreffe. Dont descendent les marquis de Trazegnies modernes.

6° *Marguerite* de Lalaing, religieuse au couvent des dominicaines de Beaumont à Valenciennes en 1385.

7° *Jeanne* de Lalaing, abbesse de Flines en 1419, qui fut aussi l'année de sa mort; indiquée ainsi, en 1385, dans l' « avis » de ses père et mère : « *Jehenne*, notre fille, rendue en l'église de Flines. » Elle était nièce de l'abbesse *Gille* II de Lalaing, morte en 1387 (voir première branche, VIII 8°).

X. SIMON II de Lalaing, le chevalier *à la grande afficque* (agrafe), seigneur de Quiévrain, mort en 1388, ayant épousé, vers 1380, Jeanne DE LIGNE (sœur de Willaume, ci-dessus), qui convola, vers 1398, avec le chevalier Jean *de Houcourt*. Il gît en l'abbaye de Crespin et eut :

1° Simon, qui suit.

2° *Jeanne* de Lalaing, dont les tuteurs firent le relief de la terre de Brebière, bailliage de Lens, aussitôt après le décès de son père.

Il laissa aussi une fille naturelle :

1° bis. *Catherine* de Lalaing, bâtarde de Quiévrain. On lit dans le compte du grand bailliage de Hainaut, de 1413-1414, f° 9 v°; « Donnet par demisielle *Catterine*, bastarde de Kieuraing,

sœur messire Jehan *de Houcourt*, pour yestre
assennée dune rente de x libres. »

XI. SIMON III de Lalaing, chevalier, seigneur de
Quiévrain, « duquel ma dame sa mere demoura en-
chainte au trespas » de son mari ; tué en 1415 à Azincourt dans les rangs de la chevalerie française. D'Isabeau DE JEUMONT, de la maison DE BARBANÇON, il
laissa deux filles :

1° *Jeanne* de Lalaing, héritière de Quiévrain
décédée vers 1462 (époque à laquelle fut relevée
la terre de Brebière pour sa sœur et héritière),
sans postérité du prince Olivier DE CHASTILLON-
Blois *dit* de Bretagne, comte de Penthièvre
(veuf de la princesse Isabeau *de Bourgogne*, fille
du duc Jean Sans-Peur), qui l'avait épousée en
1428. La comtesse de Penthièvre gît à Avesnes,
à côté de son mari. Elle ne fut jamais que « demoiselle », le prince, son époux, n'ayant point
obtenu la dignité de chevalier ; le duc Philippe
le bon l'appelait « notre tres chere et amée cousine ».

2° *Marie* de Lalaing, dame de Quiévrain
(après sa sœur), mariée en 1428 avec Jean DE
CROY, comte de Chimay (par création de l'an
1472), chevalier de la Toison d'or, l'un des fa-
voris de Philippe le Bon. Dont postérité. La
comtesse de Chimay décéda à Valenciennes, le
20 janvier 1474 (vieux style); elle gît à Chimay
avec son mari.

Le mariage avait été négocié par l'ordre du
duc Philippe le Bon; on lit en effet dans le

compte du grand bailliage de Hainaut, du 1er
7bre 1427 au 3 juillet 1428, fo 32 : « Le xe jour
de may [1428], au command de mondit signeur
le ducq à lui [au bai li] fait par ses lres missibles,
en alla lidis bailliux [*Guillaume* de Lalaing ,
seigneur de Bugnicourt; voir première branche,
XI] à xvj cheuaux en le ville de Vallenchiennes,
où il trouua monsr le gouuerneur de Lile [Bau-
duin *de Lannoy* dit le Besghe], maistre Jehan
Lavantaige (1) et autres, qui auoient charge de
parler à madame de Kieuraing , du mariaige de
Jean *de Croy* et de sa fille, demise d'Escaussines.
Si ne trouuerent point made damme, et parlerent
à monsr *de Ligne*, à messire *Guille* de Lalaing
[voir ci-dessus, IX 3o], audit bailliu et à messire
Simon, son frère [voir deuxième branche, XI],
et puis conclurent de tout enssamble aller aues.
vers laditte dame de Kieuraing, comme il firent.
Et se si trouuerent auoecq eulx : messire Engle-
biert *d'Enghien* [cf. ci-dessus, IX 4o] et Jehan
de Jeumont. Mist lidis bailliux, allant, besoin-
gnant et retournant ariere à Mons, iiij jours en-
thiers. Monterent si despens : xlviij lbs xviij s.
t. » ; dépense réduite par les gens des comptes à
36 livres.

(1) Maître ès arts et en médecine, en 1434 prévôt de St-Pierre de
Lille, puis évêque d'Amiens (Le Glay, *Cameracum christianum* ,
Lille, 1849, in-4, p. 148).

Branche de Semeries.

Elle n'a jamais été bien connue des généalogistes.

D'après les monuments sigillographiques, elle brisait d'un lambel dont les *quatre* pendants alternent avec les trois rangées verticales de losanges. Selon certains héraldistes, elle aurait retourné les couleurs du blason de Lalaing, pour porter : D'argent à dix losanges de gueules (sorte de brisure usitée en Allemagne), en ajoutant un lambel d'azur, qu'ils disent n'avoir été que de *trois* pendants.

VII. Simon de Lalaing, chevalier (fils puiné de *Simon* II; voir première branche), épouse Jeanne DE ROISIN dame de Semeries (aujourd'hui Sepmeries, village situé entre Valenciennes et Le Quesnoy, et qu'il ne faut pas confondre avec Semeries près d'Avesnes), meurt vers l'an 1300 et gît en l'église de Semeries.

Aux archives départementales, dans le fonds de l'hôpital de Sainte-Elisabeth de Valenciennes, il y a une charte scellée, du mois d'août 1268, commençant ainsi : « Jou *Symons* de Lalaing, chevaliers, » et par laquelle, « comme sires, » il « loe et gré » une donation de terres sises à Saultain, près de Valenciennes, qui venait d'être réalisée « en le court mon sign^r *Simon* deuant nommet », en présence des maire et « homes de le posté de Sautaing ». Comme le chevalier était vassal, pour ce « fief de Sautaing »,

de Nicolas, sire de Quiévrain, chevalier, ce dernier, à
la requête, dit-il, « de mon signeur *Symon* de Lalaing, chevalier, men homme », donna aussi son autorisation, par une charte du 1er avril 1269 , faisant
connaître qu'autr-fois « li anchiestres mon signeur
Symon devant nommet » avaient « departit » du
« fief de Sautaing » le- terres alors amorties au profit
de l'hôpital de Sainte-Élisabeth.

C'est lui qui, sous le nom de *Monnars* de *Laleng*,
« bachelier de grande vaillance, » figure , vers 1280,
au tournoi de Hem-sur-Somme (1).

Il avait conservé des biens à Lalaing, ainsi qu'il
résulte de deux chartes de 1287 et de 1289, par lesquelles il reconnaît que l'abbé d'Anchin lui a facilité
les moyens de « widier le taille » de son bois (*Preuves*,
nos XV et XVI).

Dans le fonds de l'abbaye de Saint-Jean de Valenciennes, reposant aux archives départementales, il y
a un chirographe du mois de mai 1293, reçu par les
maire et échevins de Semeries, « par le gret et le
volentet de mon signeur *Simon* de Lalaing, signeur
dou liu », et dans lequel il est stipulé que « sil defa-
loit de mon signeur *Simon*, anchois que ciste conue-
nenche fust acomplie, me dame se femme seroit en
sen liu » pour ré lamer l'exécution de la convention.

Le 26 avril 1300, année de sa mort , il concourut
à la rédaction de la coutume de Lalaing.

(1) Le *Roman de Hem*, imprimé à la suite de l'*Hist. des ducs
de Normandie*, Paris, R nouard, 1810, in-8o , pp. 280, 281 et 177.
—Sur ce tournoi, voir les rectifications de feu A. Dineux, p. 668
des *Trouvères brabançons*, Paris, 1863, in-8.

Il figure dans quelques chartes de Hainaut, notamment dans celle du 13 juin 1292, passée à Mons, dans le jardin de la dame de Beaumont (1), et dans celle du 22 mai 1295 (2), l'une et l'autre relatives aux difficultés existant entre les comtes de Flandre et de Hainaut; et encore dans une charte du mois de mai 1295 (3), donnée à propos d'une contestation entre les chevaliers Gilles, sire de « Bierlainmont, » et Gilles, son fils, d'une part, et l'abbaye de « Marrolles », d'autre part, pour les « pasturages que on dist de Noiele. »

Il laissa au moins deux fils :

1° *Jean* de Lalaing, chevalier, sire de Semeries, qui, — de concert avec sa mère, le 20 septembre 1300, « au Castel en Cambresis, en le maison Gillion dit le doien, en le presence, ou tesmoingnage et par le moyenement mon seign* Oston *de Senzelles*, canoine de saint Gery de Cambray, et Jehan *de Beaufort*, tresorier de sainte Crois de Cambray, » étant aussi présents : « Bauduins dis *Fourmaus*, castellains dou Castel, » et « Jehans, clers le dame deuant dite, » . mit

(1) Saint-Genois, *Monum. anciens*, I. p 807. — Archives départ., Chambre des comptes *Invent. somm.*, I, p. 53, col. 1, cart 324.

(2) Reiffenberg. *Monum. pour servir à l'Hist. des prov. de Namur*, etc. Bruxelles. 1844, in-4, I, pp 286-289; original dans le chartrier de Namur, ux archives du royaume de Belgique; le sceau du chevalier Simon de Lalaing, qui était le 19° manquant. — J. de Saint-Genois, *Invent. analyt. des chartes des comtes de Fl.*, no 763; Gand, 1843-1848, in-4

(3) Archiv. départ., Chambre des comptes, carton 318, orig. muni du sceau du chevalier Simon de Lalaing. — Ce « resort » est mal analysé dans Saint-Genois, *Monum. anciens*, I, p. 839.

fin à un débat existant eutre eux et l'abbaye de
Saint-Jean de Valenciennes, au sujet de terres,
dîmes « u restor de dismes, » rentes, etc., au
terroir de « Semeries, u demaine, en le seignerie
et en le ju-tice le dame et sen fil deuant nom-
meis. » Dans cette transaction, dont l'orignal
scellé se trouve aux archives départementales,
la mère et le fils sont ainsi qualifiés : « noble
dame me dame Jehenne, dame de Semeries, et
mon seign' *Jehan*, sen ainsney fill et sen hoir,
cheualier. »

Jeanne *de Roisin*-Semeries était fille du
chevalier Jean de Semeries, vivant en 1267, lequel figure comme témoin de la charte de son
frère aîné Baudry, sire de Roisin et de La Flamengrie, chevalier, contenant un nouveau règlement de la « loi » de La Flamengrie, précédemment octroyée par le seigneur Baudry, leur
père; parmi les témoins, figurent en outre : le
chevalier Willaume del Boutenier et Baudry de
Roisin, frère et fils du sire de Roisin (1).

La dame de Semeries et son fils aîné « mesire
Jehans, cheualiers et ses hoirs, » ayant élevé
une chapelle « ou cymentere de le eglise parro-
chiai, tenant à le dite eglise, , à diestre, là u li
cors de homme de boine ramembrance monsegneur *Symon* de Lalaing, cheualier, marit jadis
à le dite dame et pere à monsegneur *Jehan* deuant dit, gist, » l'abbé de Sa' t-Jean de Valen-

<hr>

(1) Archives départ., fonds de St-Jean de Valenciennes.

ciennes, patron de la paroisse du village, « pour les courtesies, les bontés, les amours et les biens fais ke noble dame medame Jehenne, dame de Semeries, » son fils *Jean* et « leur hoir, à nous et à nostre eglise poront faire, en moult de manieres en auant, » leur octroya, par une charte du mois de « march » 1300 (vieux style), « à tous jours, la presentation de le capelerie ke il, à leur coust, ont fondée et estaulie en le ville de Semeries, dedens no patronnage » (1).

En 1308, « messire *Jean* de Lalaing, sire de Semeries, chevalier, et *Pierre Percheval*, son frère, » sont parties principales d'un acte cité par Goethals (*Miroir*, II, page 492).

2° Pierre, qui suit.

VIII PIERRE dit *Piercheval* de Lalaing, chevalier, seigneur de Semeries (après son frère), est cité par Froissart, sous le nom de « messire *Perceval* de Semeries », au nombre des vaillants et aventureux chevaliers du Hainaut qui, en 1326, conquirent l'Angleterre au profit du jeune roi Edouard III, et qui y retournèrent l'année suivante pour aider le roi dans sa campagne d'Ecosse ; c'était, dit notre chroniqueur, un « grand et fort chevalier durement. »

Il figure dans plusieurs chartes du Hainaut, de 1323 à 1333.

Il portait un lambel de quatre pendants besantés ou componés.

(1) Archives départ., fonds de l'abbaye de St-Jean de Valenciennes.

Il ne laissa qu'une fille :

A. *Béatrix* de Lalaing, dame de Semeries, épouse de Florent DE BEAUMONT, chevalier, châtelain de Saint-Omer; dont postérité portant le titre de comte de Fauquembergue.

En 1344, « le diemenche procain apries le jour saint Barnabé, à Sautaing, » il fut convenu entre l'abbé de Saint-Jean de Valenciennes et « Florent *de Biaumont*, cheualiers, sires de Semeries, » que le terme d'un compromis conclu entre eux serait « ralongiet jusques au jour de la pourcession de Valenchien » Sur le sceau armorial du mari de *Béatrix* de Lalaing, il y a deux bars adossés, au lambel brochant de trois pendants, celui du milieu posé entre les deux bars.

Dans le même fonds de Saint-Jean, aux Archives départementales, il y a une charte, du 6 de « june » 1371, émanée de « *Bietris* de Lalaing, castellainne de Saint Omer et dame de Semeryes », et relative à la fondation faite en l'an 1300 par son aïeule et par son oncle :

« Comme no tres chiere et tres amée taie de boinne memoire me dame Jehenne, jadis dame de Semeryes, et messire *J<i>hans*, ses aisnés fils et huirs, nos amés oncles, fesisent faire, estorer et funder, pour le salut des armes mons^r *Symon* de Lalaing, cheualier, no taion, et de leur anchisseurs et bienfaiteurs, une capielle perpetuelle en le parochiel eglise de Semeryes, en lonneur de

Dieu et de se benoîte vierge Marie, à le dotation de laquelle capielle no taie et oncles dessus dit donnerent iiij muis ij wit. et trois boistiaus de tierre abanaule gisans ou tieroit de Semeryes... It. un courtil....»

Elle amortit cette fondation, « comme dame yretierre et souverainne de le ditte ville, » et promet d'y ajouter « xl sols de rente, pour le augmentation de le ditte capielle. »

L'accomplissement de cette promesse fut constaté par une charte du 22 fèvrier 1374 (vieux style), de la même « *Beatris* de Lalaing, chastelaine de Saint Omer et dame de Semeries, » qui avait acquis, à cet effet, « douze wittelées de tiere ou thieroir de Semeries, » valant 60 sols de rente; « et encore de habondant auons nous fait edefyer une maison sour le courtil de le ditte cappielle. »

A ces deux chartes manque le sceau de la châtelaine de St-Omer.

Celle-ci, décédée vers 1376, gît au couvent des dominicaines de Beaumont à Valenciennes.

Nous avons trouvé, dans les comptes du grand bailliage de Hainaut, les mentions suivantes, qui concernent peut-être des Lalaing-Semeries.

« Donné par *Nicaize* de Semeries sour Grehet *dou Marés*, pour c doubles francs de Haynnau faire auoir » (25 janvier 1388, vieux style, — 24 juin 1389, f° 3).

Jehan de Semeries « obligiés sestoit, au jour quil
se remaria, par deuers *Symon* et *Colart*, ses freres ,
en une l^{re} sans condicion, montant ij^c frans franchois,
lequelle li sires de Lalaing (1) meismes wardoit, pour
sauuer et warder à *Colin* de Semeries, fil doudit
Jehan, pour tant que lidis *Jeh^s* de Semeris auoit, sur
liretage qui deuoit appartenir audit *Colin*, fait las-
senne de se femme. Se fu que lidis *Jehans*, voellans
ycelle destruire, ala à lostel doudit signeur de Lalaing,
à Mons, en son absence » (20 juillet 1402 — 1er 7bre
1403, f° 20 v°).

Un certain *Simon* de Semeries était prévôt de Bavai en 1372; il fut remplacé, le 17 octobre 1386, par
Thierry *de Haynin* (comptes de la prévôté de Bavai,
aux archives départementales).

A la branche de Lalaing-Semeries appartenait
Nicolas ou « *Collart* de Lalaing *dit* de Sepmeries ,
bailli de la terre de Flobercq » ou Flobecq (sur les
confins de la Flandre et du Hainaut), en 1433 (2); le
même, appelé « *Colart* de Lalaing », était, en 1427
et 1428, bailli de Soignies en Hainaut (3).

Le 7 juillet 1432, « *Colart* de Lalaing dit de Sepmeries, bailliu de Lessines » (près de Flobecq), « se

---

(1) Ayant agi, non point comme parent des contractants, mais
comme bailli de Hainaut.

(2) Arch. départ., Chambre des comptes, carton B 1497. — Cf.
Invent. som., I, p. 366, col. 1.

(3) *Mémoires de la Société des sciences du Hainaut*, 3e série, IV,
p. 179; Mons, 1870, in-8o.

deshireta », par vente, moyennant cinquante livres
tournois, d'un fief mouvant de la cour de Mons,
« gisant entre Maffles et Arbre » et contenant « enuiron demy bonnier dausnoit » (compte du grand bailliage de Hainaut, 1431, 1er 7bre, à 1432, 31 août, fo
2 vo).

Certaine généalogie de Lalaing, qui lui donne la
qualité de « grand bailli » de Lessines et de Flobecq,
commet une grossière erreur en lui attribuant pour
père le seigneur *Simon* de Lalaing-Semeries, mort
en l'an 1300 (voir plus haut, VII), et pour fils un
Gérard de Lalaing décédé en 1312 (cf. branche de La
Houardrie, II).

La même généalogie lui donne pour fils aîné :
« *Nicaise* de Lalaing, seigneur de Sextemerie, époux
de Marie de Boyenfflé (*sic*), dont deux filles » : autant
de mots, autant d'erreurs. Il y eut en effet un certain
« *Nicaise* de Lalaing *dit* de Sepmeries » ayant épousé
Marie *Bonenfant*, fille de Jean, portant [: D'argent
au chevron de sable, accompagné de trois losanges de
gueules; ces époux gisant aux Cordeliers de Tournai,
« avecq epitaphe fort remarquable et superbe » , à
côté de « sire Oudart Bonenfant, prevost de Tournay,
leur frère » décédé en 1412, lequel gît « derriere la
chaire preschoire, soubz une grande lame contenant
ses quatre quartiers » (1). Nous devons à l'extrême
obligeance de Mr le comte du Chastel de La Howardries une copie de son épitaphe, où il est appelé

(1) Fragment généalog. ms., avec blasons coloriés, d'une écriture
de 1690 environ, appartenant à M. A. Favier, de Douai, et prove-
nant de M. Perdu, avocat à Tournai en 1753.

« noble homme *Nicaise* de Lalaing dict de Sempme-
ries » et sa femme qualifiée « demisielle », la mort
du premier étant fixée au 24 janvier 1423 (vieux
style) et le décès de la seconde au 10 avril 1429; il
porte le blason de Lalaing, brisé seulement d'un lambel de trois pendants d'argent (1).

D'après ces dates, *Nicaise* aurait été soit le père,
soit le frère (mais certainement pas le fils) de *Colart*
de Lalaing-Semeries précité. Bien entendu qu'il
n'eut jamais la terre de Sepmeries (anciennement Semeries) près du Quesnoy, pas plus que celle de Semeries près d'Avesnes.

Aux archives municipales de Tournai repose le
testament, « empris » le 26 janvier 1423 (vieux style),
du susdit *Nicaise* de Lalaing *dit* de Semeries, époux de
Marie *Boinenfant* et beau-frère de feu Oudart *Boinenfant*; il y nomme son bâtard *Piérart* de Lalaing,
père de *Mariette* de Lalaing, et son neveu, *Watier*

(1) Bibl. publique de Tournai, Ms. CCXXIV, fo 263 ; épitaphes
de l'église des Récollets. Le chevron des Bonenfant y est d'azur (au
lieu de sable comme dans le Ms. de M. Favier).

En 1409, « Nicaise de Semeries le père et Nicaise, son fils »,
étaient « censiers » des religieux d'Anchin « de leur maison de Ba-
ralle » (archives départ., pièce de procédure annexée au compte de
la recette générale de Flandre, du 1er février 1409 au 31 janvier
1410).

En 1417, Nicaise et Jaquemart de Semeries, « censiers » de l'abbaye d'Anchin à Inchy, plaidaient en appel à Lille devant les
« commissaires juges réformateurs généraux » établis par le duc de
Bourgogne (Archives départ., chambre des comptes, cartons B 1435,
1438, 1439 et 1440).

de Lalaing *dit* de Semeries , ainsi que le bâtard de celui-ci, *Piérart* de Semeries (1).

Citons encore « dam^{elle} *Marie* de Semeries » , qui épousa Gille *des Prez*; leur fils Guillaume *des Prez* mourut en 1422 , gisant en l'église de Baisieu près de Quiévrain (2).

Branche de Laidaing.

Les généalogistes en ont à peine soupçonné l'existence. Nous avons recueilli sur elle des indications précises, sans réussir néanmoins à la rattacher absolument à la maison de Lalaing.

Quoique nous ayons établi, au n° VI de la première branche, que *Simon* II, sire de Lalaing, épousa une *de Lesdaing*, avec laquelle il vivait en 1243 , nous ne pensons pas que là se trouve le point de jonction de la branche *de Laidaing*; celle-ci en effet tirait son nom d'un village du Tournésis, qui a conservé très-longtemps sa vieille orthographe, bien qu'il s'écrive aujourd'hui Lesdaing; tandis que la femme de *Simon* II portait le nom d'un village du Cambrésis,

(1) Communication de M. le comte du Chastel de La Howardries.

(2) Bibl. publique de Douai, Ms. 866; Epitaphier de Malotau, de l'an 1740, IV, p. 818; renseignement tiré du « Recueil des epitaphes du sieur Jean Lalou ».

Cf. ce que nous dirons plus tard (Filiations inconnues, § 2, dames et demoiselles), touchant une allégation de Sanderus à propos du mariage d'un des Prez avec une Lalaing, d'où il semble résulter que cette Marie de Semeries aurait bien pu être de la maison de Lalaing.

dont l'orthographe n'a guères varié, puisqu'on l'écrit maintenant Lesdain.

Elle brisait d'un lambel de trois pendants brochant sur les six premières losanges.

A cette branche appartenait peut-être *Jean* de Lalaing, écuyer, châtelain de Dossemer pour le roi, lors de la guerre contre les Flamands rebelles et qui fut tué par ceux-ci dans une embuscade, l'an 1303, selon le récit de l'abbé de Saint-Martin de Tournai, Gilles Li Muisis.

I. JEAN de Lalaing, seigneur de Laidaing, est cité, en 1347, comme possesseur de quatre bonniers de terre à « riez », « qui fut Mʳ de Lannion, seant es bos de Riez «, chargés de rente envers la maladrerie de Tournai (1).

Nous croyons qu'il eut pour fils le suivant :

II. BAUDUIN de Lalaing, chevalier, seigneur de Laidaing. Nous le trouvons, en 1369, le 24 avril, au nombre des vassaux de l'abbé de Saint-Amand (2). Le 25 juin 1373, il assiste ses cousins de la branche aînée dans un acte d'intérêt privé : « noble homme messire *Nicolas*, sire de Lalaing, chevalier, *Simon* de Lalaing, son frère [voir IX 1° et 2°], et *Bauduin* de Lalaing, écuyer, ont vendu » et constitué une rente viagère (3). Il ne tarda point à devenir cheva-

(1) Bibl. publ. de Douai, Ms. 1078: Guilmot, Extraits, p. 557, tiré d'un « Etat des biens de la bonne maison Delval ou hôpital des ladres à Tournay ; règlement de 1347. »

(2) « Bauduin de Lalaing », sans qualification nobiliaire. Archives départ., suppl. à la chambre des comptes. — Demay, *Sceaux de la Flandre*, no 1163.

(3) Goethals, *Miroir*, II, p. 630, d'après le contrat original.

lier; en effet, au f° 1 du compte du grand bailliage de
Hainaut de 1374-1375 , on trouve cet article de recette : « De demisielle Ysabiel *de Soumaing* , qui fu
femme Engherran *de Le Houardrie* , le xx° jour de
septembre [1374], laquelle messire *Bauduins* de Lalaing ahireta de xlv frans de France, à prendre, chas-
cun an, le cours de se vie , sour j fief quil a à Kieri-
nain. » Le 30 octobre 1378, il intervint dans un acte
intéressant encore la famille *du Chastelde La Houardrie :* lui et ses cousins de Lalaing , tous chevaliers ,
sont nommés dans l'ordre suivant, où les préséances
étaient parfaitement observées : *Simon* de Lalaing,
seigneur de Quiévraing (bailli de Hainaut; voir branche de Quiévrain, IX), *Nicolas* , seigneur de Lalaing
(neveu de Simon ; voir première branche , IX 1°), et
Bauduin de Lalaing (1). Il mourut vers 1398.

III. JEAN de Lalaing, écuyer, seigneur de Laidaing,
délivra, en 1401, le 25 avril, des lettres de non-pré-
judice au profit de l'abbé de Saint-Amand dont il était
vassal, comme l'avait été son père ; il y expose ainsi
le fait qui donna lieu à l'acte conservatoire des droits
du prélat (2) :

« Comme lan mil iij° iiij^xx et xviij [1398] ou premier jour du mois de septembre,.... mons' Nicolle,
abhé de Saint Amand en Peule, eust, ledit jour, fait
sa premiere entrée en la ville et abbeie de Saint

---

(1) Saint-Genois, *Monum. anc.*, II, p. 77. — Dans son *Miroir*, II,
p. 498, Goethals dit à tort que « les messires de Lalaing n'y figurent
ni selon leur âge, ni selon leur rang. »

(2) Archives départ., fonds de St-Amand : *Liber albus*, f° lij v°
copie du temps, ajoutée sur le cartulaire qui est du XIII° siècle.

Amand, auquel mons' labbé et à son disner, ad cause dicelle premiere entrée, feu mon tres ch' seigneur et pere, mes° *Baulduin* de Lalaing, qui lors vivoit, à cause de son fief liege que il tenoit lors de mons' labbé,.... fust tenus de servir mondit seigneur labbé boire, et pour celle cause, en pareil cas, lui fust acoustué, comme homme feodal dudit fief de Dolantpont, de, ap° le disner de mondit seigneur labbé, lui baillier et deliurer le gobelet ou vaissiel à quoy mondit seigneur labbé avoit beu. Auquel disner, ledit jour, mondit seigneur et pere estoit foible et anchyen, et gisoit au lit malades, dont il ala ap° de vie à trpas, et pour ce ne pot en personne compoir audit jour. Pour lequel cause, je, comme son vray hoir et hiretier, et à qui ledit fief de Dolantpont est à present venu et escheu , me fuisse transportés audit disner, et meuist mondit seigneur labbé, par sa grace, souffert à le seruir, à son disner, de son boire. Depuis lesquelx choses et ap° le trespas de mondit seigneur et pere, il a pleu à mondit seigneur labbé à moy donner, de sa grace et de sa liberale volenté, le gobelet dargent en quoy je serui mondit seigneur labbé audit disner,.... sans ce que il y fust tenus. »

En conséquence, il confesse que le possesseur du fief perd son droit au « vaissiel et gobelet », s'il ne fait pas son service en personne, à la cérémonie, et qu'il ne lui est pas loisible de s'y faire remplacer, « pour quelconquez cause ou necessité qui lui surviegne, à celi jour, de maladie, de prison, ne aultrement, » auquel cas, le prélat « se pora faire servir du boire par telle personne que boin lui samblera,

et de sondit gobelet pora user à sa pure et franche
volenté. »

Dans un chirographe de l'an 1403 reçu par « sage
et honnerable Bauduin *des Corbieres*, baillif à hault
et noble *Jehan* de Lalaing, escuier, seigneur de Lesdaing », il est question notamment de publications à
faire « en le eglise parosiaux de le ville de Lesdaing » (1).

Peut-être doit-on rapporter à ce *Jean* de Lalaing-
Laidaing ces deux mentions tirées des comptes du
grand bailliage de Hainaut :

« Pour les frais dou baillieu (Willames *de Ville*,
sire d'Audregnies), de messire Anssiel *de Trasignies*,
Jehan de Lalaing, Fierabras *de Viertaing* et pluis°
aultres, fais à Braine, à xxij cheuaus, alencontre de
mons° le duc, quant il vint pour faire sairement à
Mons. Se despendirent, parmy les frais desdis
cheuaus : vj lb. xviij s. iiij d. » (25 janvier 1388,
vieux style, — 24 juin 1389, f° 8).

« *Jehan* de Lalaing se deshireta dun fief gisant à
Artre, en cens, en rentes et en tierages, ou mois de
decembre. Et en fu ahiretés Jaquemars *de Quaroube*.
Se monta li vendage : iij° couronnes dou roy. »
(13 avril 1399—1400, f° 2).

La plupart des généalogies présentent à tort *Jean*
de Lalaing-Laidaing comme un fils puiné de *Nicolas* III (première branche, IX) ; elles lui attribuent
pour femme une demoiselle *de Wettyn*.

Il paraît n'avoir laissé qu'une fille :

(1) Archives départ., chambre des comptes, 2° supplément,
1° carton, XV° siècle, no 1 bis.

A. *Jeanne* de Lalaing, demoiselle de Laidaing, mariée à Gérard DE BUILLEMONT, écuyer, lesquels vendirent, vers 1424, à Roland *dou Gardin*, écuyer, un fief « liege » tenu de l'abbé de Saint-Amand, consistant en terres sises entre « Laidaing et Wès », lieu dit à Dolantpon, avec droit au « vaissiel ou hanape à boire » (1), ainsi qu'il est expliqué ci-dessus. Dont postérité.

Branche de La Houardrie.

Ici les renseignements sont beaucoup plus vagues et nous n'avons la prétention que de hasarder quelques probabilités.

. Ce qui toutefois est certain, c'est qu'au XVIe siècle, il était admis que la famille *du Chastel de la Houardrie* descendait des Lalaing par les femmes, au moyen d'une alliance contractée avec cette ancienne et illustre maison. Jacques Le Boucq lui-même, qui travaillait à Valenciennes, en 1566, sous la protection du chef de la maison de Lalaing, affirmait qu'un *du Chastel*, ainsi désigné par erreur : « messire Jacques (*sic*) *du Chastel*, sʳ de Houardrie, second fils du grant sʳ d'Aixouue, » avait épousé une Lalaing, dont il croyait (mais ici il se trompe encore) pouvoir faire une fille de *Nicolas* III, mort vers 1368 (voir première branche, IX). Il y avait d'ailleurs, en 1559, dans les

---

(1) Bibl. nation., Ms., collection Moreau, vol. 248, fo 113; dénombrement du 18 juillet 1424, servi à l'abbé et copié par dom Queinsert aux archives de l'abbaye de Saint Amand.

archives du seigneur de Mouscron, souverain bailli de
Flandre, un titre original du 30 octobre 1378, où
trois chevaliers du nom de Lalaing intervenaient en
qualité de parents de Jacques *dit* Houart *du Chastel*,
chevalier, sire de La Houardrie ; cet acte fut alors
confié par son possesseur à Jacques *du Chastel*,
écuyer, seigneur de La Houardrie, qui en fit faire
un vidimus, conservé dans les archives de sa famille (1). En 1527, Simon *du Chastel*, écuyer, seigneur de La Houardrie, retrouvait, parmi ses
ancêtres, les noms des époux Jean *dit* Ireux *du
Chastel*, chevalier, et *Pérotte* de Lalaing, dame de La
Houardrie, et les inscrivait sur un monument com-
mémoratif (2).

A la vérité, la sincérité de Simon *du Chastel* a été
suspectée (nous ne savons pas pourquoi) par Goethals
(*Miroir*, II, 1862, page 475), et ce généalogiste crut
même devoir s'excuser d'avoir ajouté foi d'abord
(dans le tome Ier, 1857, page 775) aux « assertions
trompeuses et mensongères » de Simon *du Chastel*
« aussi absurde que vaniteux » ; il fit même peser sur
Jacques *du Chastel* des soupçons de falsification à
propos du vidimus de l'an 1559. Quant à nous, nous
n'hésitons pas à dire que ces accusations tardives sont
aussi injustes, que la crédulité du généalogiste bruxellois avait été aveugle tout d'abord : Simon *du Chastel*,
pour son inscription commémorative de l'an 1527, a
pu être induit en erreur, oublier certains degrés dans

(1) Saint-Genois, *Monum. ans.*, II, p. 77.
(2) *Messager des sciences historiq. de Belgique*, Gand, 1857,
in-8°, p. 203.

les générations ; il a été peut-être un médiocre généalogiste, mais rien n'autorise à faire de lui et de
son fils Jacques des imposteurs et des faussaires.

Enfin Goetbals ignorait qu'en 1363 *Gille* II de Lalaing (voir première branche, VIII 8°), qui parvint,
cette année-là, à la dignité d'abbesse de Flines, re-
connaissait pour sa proche parente « dame Katherine
de Le Houarderie, se cousine, nonne professe en ledite eglise », avec laquelle elle s'entendait pour ac-
quérir en commun une terre, dont elles jouiraient
« tout le cours de leurs deux vies, et le darraine vivant tout en tout le cours de se vie », et qui ensuite
retournerait à l'abbaye, « pour faire I obiit tous les
ans pour les dessus nomées » (1); — il ne se rappelait
pas que Jean *dit* Percheval *du Chastel de La Houardrie*, fils puiné de *Péronne* de Lalaing, mort en 1384,
et Jeanne, sa fille, femme du seigneur de Haynin,
portaient écartelé *du Chastel* et *de Lalaing* (*Miroir*,
I, pages 10 et 11; conférez : Ms. 886 de la bibliothèque publique de Douai, Epitaphier de Malotau, IV,
page 17); — il ignorait qu'en 1441 Arnoul *du Chastel*, chevalier, seigneur de La Houardrie, portait
écartelé *du Chastel* et *de Lalaing* (2) (d'après son
sceau pendu à une charte du 12 novembre 1441 du
fonds de l'abbaye de Cysoing, relative à la translation
du chef de saint Evrard); — il oubliait que Jean, sire *de
Haynin*, chevalier, né en 1423, recueillant en 1475

(1) L'abbé Hautecœur, *Cartulaire*, II, p. 630.

(2) Cf. l'armorial de Malotau, XVIIIe siècle, vol. I, A-F, fo 161;
Ms. 893 de la Bibliothèque de Douai.

ses souvenirs de famille, établit ainsi les quatre quartiers de Jeanne *du Chastel de La Houardrie*, son aïeule paternelle : *La Houardrie*, *Lalaing*, *Louvegnies*, *Oisy* (1); c'est-à-dire que le *du Chastel* qui épousa une Lalaing n'était que l'aïeul de cette Jeanne *du Chastel de La Houardrie*; — sinon il se serait bien gardé d'appeler Simon *du Chastel* un « grand coupable », d'évoquer les « étranges erreurs » commises par des généalogistes et de parler de « la hardiesse de leur entreprise », tout cela parce qu'ils ont constaté l'alliance d'un *du Chastel* avec une fille *de Lalaing*.

Nous sommes heureux de saisir l'occasion de citer comme un monument de convenance, de bonne foi et d'érudition celui que M. le comte du Chastel de La Howardries a élevé récemment à la mémoire de ses glorieux ancêtres (2); c'est à lui que nous empruntons le crayon généalogique ci-après transcrit, de la branche de Lalaing de La Houardrie.

La seigneurie de La Houardrie, paroisse de l'antique diocèse de Tournai, où se trouvait aussi, comme nous l'avons prouvé, le berceau des Lalaing, mouvait immédiatement, en justice vicomtière, de la terre de Templeuve-en-Dossemez, et médiatement de la Salle de Lille. Elle était limitrophe du village de Les-

---

(1) *Les Mémoires de messire Jean, seigneur de Haynin*, Mons, 1842, in-8o. II, p. 349. — Goethals, *Miroir*, 1, p. 15. — Cf. Epitaphier de Malotau, IV, p. 15.

(2) *Généalogie de la famille du Chastel de La Howardries*, Tournai, 1872, in-8o, ouvrage tiré à cinquante exemplaires seulement.

dain, d'où est sortie la branche de Lalaing-Laidaing (qui précède).

En l'état actuel des recherches généalogiques, voici comment se présentent les générations de la branche qui nous occupe ; ces données résultent de notes et de traditions domestiques, qu'on n'est point en droit de négliger , tant qu'elles n'ont pas été contredites par des titres.

I. JEAN de Lalaing épousa Isabelle DE LA HOUAR-DRIE, héritière de cette terre.

Dans la généalogie de Lalaing transcrite dans la collection Malotau, il est appelé *Jacques*; sa postérité, ajoute-t-on, s'éteignit vers 1430 ; on en fait un fils puîné de ces prétendus Otton, sire de Lalaing, et Isabeau de Saarbruck, sur le compte desquels nous nous sommes suffisamment expliqué (voir première branche, VIII).

Selon les probabilités , *Jean* de Lalaing vécut vers 1240. Nous rappelons pour mémoire , qu'un fils cadet de *Nicolas* I , prénommé *Jean* , est cité dans un acte de 1243 (voir première branche, V 2°).

II. GÉRARD de Lalaing, chevalier , seigneur de La Houardrie, mourut en 1312 , le samedi avant la Trinité.

Il laissa pour héritière une fille :

    A. *Péronne* de Lalaing , dame de La Houardrie , qui épousa , en 1293 , Jean *dit* Ireux DU CHASTEL, « anciennement issu d'un nommé, dans

ce temps-là, le grand seigneur d'Ayshove » (1).
Dont postérité.

En mai 1299, ces époux firent le retrait d'un fief, que ce même Jean du Chastel vendit, en 1335, à Jacquemon *de Rosne* dit Taillefer (Goethals, *Miroir*, I, p. 774). Le chevalier Taillefer *de Rosne*, cousin de *Nicolas* III, sire de Lalaing, figure, en 1366, à une rédaction nouvelle de la coutume de Lalaing (voir première branche, IX).
En 1369, le 24 avril, « Jaquemon *dou Castiel* [Jacques *du Chastel*] et demis^le Anne *de Rosne* (2), fille de feu mons^r Jacq^mon *de Rosne* dit Taillefier, chl^r, femme et espeuse dicellui », vendent à Jean *dou Buskel* un fief situé à « Samion » (Saméon, entre Orchies et Saint-Amand), tenu de l'abbé de Saint-Amand, sous la réserve du viage au profit de la venderesse, à qui le fief appartenait du chef de son père (Arch. départ., suppl. à la Chambre des comptes).

(1) La terre d'Ayshove appartenait en 1339 à Jean de Gavre, dont le sceau montre un lion couronné, avec une bordure engrêlée (Demay, *Sceaux de la Flandre*, n° 928). On attribue ordinairement à cette branche de l'antique maison de Gavre des armes ainsi blasonnées : D'or au lion de gueules, couronné, armé et lampassé d'azur, à la bordure engrêlée de sable, « qui sont les armes de Roland, comme aulcuns veullent maintenir » (A. Dinaux, *Archives historiq. et littér.*, Valenciennes, 1842, in-8°, nouvelle série, IV, p. 7; d'après un vieil armorial du XV° siècle). Or les armes des du Chastel de La Houardrie sont : De gueules au lion d'or, couronné, armé et lampassé d'azur, c'est-à-dire celles des de Gavre-Ayshove retournées, moins la bordure. Il faut noter aussi que leur cri est : *Machlines !* or la terre de Machelen a longtemps dépendu d'Ayshove.
(2) Cf. *Généalogie de la famille du Chastel de La Houardrie*, p. 14.

Un grand nombre de généalogies de Lalaing font, par erreur, de *Péronne*, épouse du chevalier Jean *du Chastel*, une fille de *Nicolas* III.

Branche d'Audenarde.

Son origine a été établie plus haut (voir deuxième branche, XII 2° B). C'est la seule qui subsite de nos jours.

Sur l'exemplaire de l'ouvrage de Maurice, *Le Blason des armoiries de tous les chevaliers de l'ordre de la Toison d'or* (La Haye, 1667, in-f°), reposant à la bibliothèque publique de notre ville, exemplaire couvert de notes manuscrites, on lit, en marge de la page 155, laquelle est consacrée à *Antoine* de Lalaing, premier comte d'Hoochstrate, cette mention, datée du 11 février 1690 (voir page 151) :

« Si l'on en croit la chronique scandaleuse, ce seigneur, qui n'a pas eu d'enfans de sa femme, en a eu 2 ou 3 de Marguerite *d'Austriche*, tante de l'empereur Charles V, gouvernante des Pays-Bas, qui le fit comte et l'enrichit beaucoup ; il existe encore une postérité de ses enfans au pays d'Alost, sous le nom de Lalain de La Mouillerie. La mesme histoire dit qu'il disposoit si absolument de cette princesse, qu'ayant receu quelque deplaisir des habitans de Bruxelles, il lui persuada d'aller demeurer à Malines, où il bastit de fonds en comble le grand hostel d'Hochstrate qui y est encore. »

On a fait remarquer avec infiniment de raison que

de tels désordres ne pouvaient être sérieusement imputés à une princesse du caractère de Marguerite *d'Autriche*. Les dates sont là aussi pour protester contre de telles accusations : *Antoine* et *Philippe*, les bâtards d'Hoochstrate, naquirent entre 1500 et 1505, leur père ayant alors vingt à vingt-cinq ans : or, la princesse Marguerite, née en 1480, épousa, en 1497, l'infant de Castille, mort le 14 octobre 1498, laissant sa femme enceinte d'une fille qui mourut en naissant; elle se remaria, le 26 septembre 1501, à Philibert le Beau, duc *de Savoie*, qu'elle eut la douleur de perdre, le 10 septembre 1504, et elle ne revint à Bruxelles qu'en 1505.

Quant à l'auteur de la note reproduite plus haut, nous avons découvert que c'est le baron de Vuoerden, chevalier d'honneur au conseil souverain de Tournai, écrivain qui ne manquait ni de facilité ni d'élégance, mais fort léger vis-à-vis des choses du passé (1).

Cela n'a pas empêché que la prétendue anecdote scandaleuse ne fît fortune. La généalogie de Lalaing de la collection Malotau (2) contient, sur le comte *Antoine* de Lalaing, le passage qui suit : « L'on prétend qu'étant au service de madame Marguerite *d'Austriche*, duchesse douarière de Savoye, gouvernante des Pays-Bas, en qualité de son grand maître

(1) *Souvenirs de la Flandre wall.*, XVII, p. 58.

(2) Bibl. com., Ms. 891, vol. 10, fo 193.

Le conseiller Malotau de Villerode, qui vivait à Valenciennes en 1730, a possédé l'exemplaire de l'ouvrage de Maurice annoté par le baron de Vuoerden; lui-même y a ajouté plusieurs notes.

43.

d'hôtel, il eut, des embrassements de cette princesse, un fils naturel appellé *Philippe* de Lalaing, s^r de La Mouillerie, Maffle, etc. » Le généalogiste ajoute que ce seigneur « laissa encore, d'une demoiselle particulière », deux enfants : *Antoine* (voir deuxième branche, XII 2° A) et *Hélène*, « mariée à Melchior, bâtard *de Culembourg*, mort sans hoirs, laquelle se rendit depuis religieuse et fut abbesse de.... » (le nom en blanc).

Guilmot, l'érudit douaisien mort en 1834, trouve, dans l'ouvrage de L'Espinoy, *Recherches des antiquités et noblesse de Flandres* (Douai, 1631, in-f°, pages 852 et 856), le nom de *Philippe* de Lalaing, bâtard d'Hoochstrate, seigneur de La Mouillerie, fils d'*Antoine*, comte d'Hoochstrate; ce qui lui suggère les réflexions suivantes (1): « Quelques mémoires lui donnent pour mère Marguerite *d'Autriche*, fille de l'empereur Maximilien Ier, tante de Charles V et gouvernante des Pays-Bas, et que la naissance de cet enfant fut cause du voyage de l'empereur Maximilien en Flandre, en 1508, dont, je crois, les auteurs ne parlent point, si ce n'est L'Espinoy, page 799 » (2).

Ce n'était point assez d'une princesse calomniée si

---

(1) Bibl. com., Ms. 1078, Extraits, p. 507.

(2) Le voyage de Maximilien ne fut nullement un mystère; l'empereur étant allé notamment à Gand, avec le jeune archiduc Charles, son petit-fils, et Marguerite, sa fille, ces princes y furent reçus en toute magnificence. — Cf. Le Glay, *Corresp. de l'emp. Maximilien Ier*, Paris, 1839, in-8, II, p. 404.

lègèrement, il fallait encore une autre absurdité et
voilà qu'on s'en prit à Marie *d'Autriche* (née en 1505),
sœur de Charles-Quint et reine de Hongrie. Dans les
Fragments généalogiques de Dumont, official de la
chambre des comptes à Bruxelles (Gand, Duquesne,
1862, petit in-8°,IV, page 37), on trouve que, « selon
quelques-uns », *Antoine* de Lalaing, chevalier de la
Toison d'or, eut de cette princesse « un fils bâtard,
nommé *Philippe* de Lalaing » ; il est vrai qu'aussitôt
l'on ajoute que, « selon d'autres, ce fut de la fille
bâtarde du seigneur de Haubordin près de Lille, ainsi
que selon les lettres de légitimation de Philippe IV
(*sic*), roi d'Espagne, qui se trouvent à la chambre des
comptes à Lille ». Saint-Genois a publié, dans ses
Monuments anciens (Bruxelles, 1806, in f°, tome II,
page 214), un « Tableau utile aux *Blondel*-Beaure-
gard », dont le n° 11 donne *Philippe* de Lalaing
comme « né d'une archiduchesse d'Autriche, sœur
de Charles V ». Et même ces énormités osèrent se
glisser des généalogies jusque dans l'histoire ! Le P.
Delewarde, prévôt de l'Oratoire du pays wallon, dans
une histoire de Hainaut, assez peu estimée d'ailleurs (1), n'a-t-il pas imprimé, à propos de la des-
truction du château royal de Folembray, en 1552,
par les gens de la reine Marie de Hongrie, régente des
Pays-Bas, et des représailles que notre roi Henri II,
en 1554, exerça sur les châteaux de Binche et de Ma-

---

(1) *Hist. générale du Hainau*, Mons, 1718-1722, 6 vol. pet. in-8
Voir t. v, pp. 471-472.

riemont, appartenant à cette princesse, — n'a-t-il pas imprimé, disons-nous, ce passage injurieux pour la mémoire de la sœur bien-aimée de Charles-Quint :

« Il y avoit une haine personnelle entre eux deux, pour certaines paroles de mépris et je ne sais quelques chansons offensantes *qui s'étoient faites de part et d'autre sur leur galanterie*. Le roi, possédé absolument par la duchesse de Valentinois, et *la reine, charmée du comte d'Hooctraet*, ne se faisoient pas honneur devant Dieu ni devant les hommes. »

Enfin cette anecdote mensongère du Père Delewarde a été rééditée par feu Arthur Dinaux, dans ses *Archives historiques et littéraires* (Valenciennes, 1842, in-8°, nouvelle série, tome IV, page 364, en note), où il insiste sur ce fait, que *la belle Marie* aurait été *éprise du comte de Hoogstraeten, de la maison de Lalaing* ! D'après les dates, il ne s'agirait évidemment plus ici du comte *Antoine*, qui était décédé en 1540, mais de son neveu le comte *Philippe* (branche d'Hoochstrate, XIV), né vers 1510, marié en 1532 et mort en 1555, après avoir eu treize enfants au moins de sa femme. A cette époque, la reine Marie de Hongrie elle-même approchait de la cinquantaine.

Quant à ce nom d'Hoochstrate, donné si légèrement par le P. Delewarde comme celui du prétendu favori de la reine régente des Pays-Bas, n'arrive-t-il pas ici comme un écho infidèle des bruits aussi absurdes que calomnieux qui ternissaient alors la mémoire de Marguerite *d'Autriche*, celle qui avait précédé sa nièce Marie dans le gouvernement des Pays-Bas?

D'erreurs en erreurs, ces historiens-là nous feraient
tomber dans le cahos.

Aussi avons-nous hâte de recourir à des sources
plus pures et d'interroger notamment l'histoire du
président de Thou (1), qui nous dira ce que la haute
société de son temps pensait de la sœur du grand empereur. Le grave historien en fait le plus bel éloge et
célèbre surtout son irréprochable vertu ; il croit devoir
insister sur ce point, parce qu'autrefois, à cause des
ravages que les Impériaux firent en Picardie, il cir-
cula, dit-il, dans nos camps des chansons licencieuses
sur ce que la reine aurait eu « quelque penchant pour
Barbançon (2), le seigneur le mieux fait de son temps,
mais dont la conduite sage et respectueuse égalait
ses autres belles qualités ». Ainsi, plus de comte
d'Hoochstrate, plus de conduite scandaleuse , mais

(1) *Hist. univers.*, La Haye, 1740, in-4, II, p. 620. On sait que
l'historien de Thou, fils du premier président du parlement de Paris,
naquit en 1553 et mourut en 1617.

(2) Jean de Ligne, seigneur de Barbançon, comte d'Arenberg du
chef de sa femme, chevalier de la Toison d'or; « très beau et très
agréable seigneur, surtout de fort grande et haute taille et de très
belle apparance », selon Brantôme, qui le connut à la cour du Lou-
vre en 1567 et qui lui consacra un article fort élogieux dans « Les
vies des grands capitaines estrangers ». *Œuvres complètes*, Paris,
1866, in-8o, II, p. p. 110. — C'est la tige de la maison ducale et
princière d'Arenberg. — Cf. deuxième branche, XV. — Sur les prétendues amours de la reine de Hongrie avec Barbançon, cf. Brantôme, *Œuvres complètes*, édit. Lalanne, Paris, 1876, in-8, IX, p.
506 et note; — Petitot, *Collection complète des Mémoires*, Paris,
1822, in-8o, XXVII, p. 336: lettre du 21 octobre 1535 de l'ambassadeur
de France à Bruxelles, insérée dans les Mémoires de Vieilleville ; —
Petitot, éd., 1823, XXXII, pp. 340 et 387: Le Siége de Metz.

seulement des méchancetés débitées contre une femme
par des ennemis qui essayent de se venger.

Quant à la grande faveur dont *Antoine* de Lalaing-
Hoochstrate jouit auprès de Marguerite *d'Autriche*,
elle est attestée par maints témoignages, et il n'est
pas moins certain que le peuple en murmura (1); mais il
n'y a pas, à notre connaissance, un seul document du
temps qui incrimine les motifs pour lesquels la régente eut tant de confiance dans ce seigneur. Ainsi,
à la Bibliothèque nationale, dans le département des
manuscrits (français, n°* 2997, 3005, 3012, 3070,
3128, etc.), sont conservées des lettres missives, dont
on a fait un recueil, et qui paraissent provenir des
archives du fameux connétable *de Montmorency*;
plusieurs sont d'une nature toute confidentielle et
elles lui étaient adressées, en 1529, par des négociateurs français en rapports avec la cour de Bruxelles ;
aussi avons-nous cherché avec soin s'il ne s'y trouverait
pas quelque allusion malveillante au crédit dont le
comte d'Hoochstrate jouissait auprès de Marguerite
d'Autriche, laquelle passait pour être très-défavora-
ble aux Français : nous n'y avons absolument rien
remarqué. Evidemment, ce n'est que bien longtemps
après, lorsque cette princesse et tous ceux qui l'avaient
connue n'étaient plus de ce monde , et à une époque
relativement moderne, que quelques méchantes lan-

(1) *Mém. de l'Acad. roy. de Belg.*, Bruxelles, 1853, in-4°, t. XXVII;
p. 62 de la notice de M. Gachard: Les Monuments de la diplomatie
vénitienne.

gues ont donné cours aux contes dans lesquels la vertu de la tante de Charles-Quint a été si maltraitée.

I. PHILIPPE de Lalaing, chevalier (postérieurement à 1538), seigneur de La Mouillerie, né vers 1500, mort vers 1550, épousa, à Audenarde, en 1527, Florence DE RECHEM, décédée vers 1587; elle possédait un fief appellé la vicomté d'Audenarde et mouvant de la cour du Perrond'Audenarde : ses descendants s'en firent un titre nobiliaire.

Philippe de Lalaing fut maître de l'hôtel de l'archiduchesse Marguerite, régente des Pays-Bas ; dans plusieurs documents de l'époque, en 1527 et 1530, il est parlé du « maistre d'hostel Lalaing.» En 1530, il fut envoyé à la cour de France, comme ambassadeur de l'empereur.

Il paraît avoir été attaché ensuite à la maison de *Philippe* de Lalaing, comte d'Hoochstrate (voir branche d'Hoochstrate, XIV). Sa veuve conserva longtemps des relations étroites avec les parents de son mari : ainsi, vers 1565, — le comte de Ligne (gendre du feu comte *Philippe*) ayant créé une rente héritière de 500 livres tournois au profit d'un bourgeois d'Audenarde, — se constitua « pleige », pour la sûreté de cette rente , « dame Florence *de Rechem* , vesue de feu messire Philippe, b. de Lalaing, en son tamps s^r do La Moullerie » (compte du grand bailliage de Hainaut, 1er 8bre 1564 au 30 7bre 1565, f^o iij).

Il brisait l'écu de Lalaing-Hoochstrate d'un filet d'or posé en barre (tableau généalogique du cabinet des titres).

Il eut un grand nombre d'enfants (1) :

    1° *Charles* de Lalaing, mort jeune.

    2° Jacques, qui suit.

    3° *Philippe* de Lalaing, seigneur de Boulency, sixième enfant qui portait : Ecartelé, aux 1 et 4 *de Lalaing*, brisé d'une plaine d'or ; aux 2 et 3, d'argent au chevron de sable (qui est *de Rechem*); épousa Jacqueline DE SECLYN, portant : D'azur à trois croissants d'or.

En 1581, au mois d'octobre, « le sieur de Bollency, » capitaine de cavalerie au service des Etats-Généraux, fut employé au secours des Tournaisiens, assiégés par les Espagnols (Gachard, *Correspondance de Guillaume le Taciturne*, Bruxelles, 1854, in-8°, IV, page 320).

Ils eurent :

    A. *Philippe* de Lalaing, qui porta comme son père. D'après les généalogies, il fut seigneur de Boulency, capitaine et n'eut pas d'enfant de sa femme Françoise ONTONEDA, remariée en 1612 à François *Triest*, chevalier, seigneur de Raveschoot, morte en 1643 et gisant à Gand.

    B. *Charles* de Lalaing. Il serait mort en célibat.

---

(1) Nous suivons ici le grand tableau généalogique du cabinet des titres, qui semble avoir été confectionné pour la branche d'Audenarde. Seulement ce tableau donne l'aîné, Charles, comme étant celui qui aurait continué la postérité, et il lui attribue, par erreur, la femme et les enfants de Jacques.

C. *Gérard* de Lalaing. Idem.

D. *Jean* de Lalaing. Il aurait été tué au siége d'Ostende.

E. *Chrétienne* de Lalaing. Elle se serait faite religieuse au couvent de Sion à Audenarde.

F. *Florence* de Lalaing. Elle serait morte en célibat.

4° *Antoine* de Lalaing, seigneur de Calbergue, septième enfant, portant : Ecartelé, aux 1 et 4, *de Lalaing*, brisé d'une plaine d'or ; aux 2 et 3, d'argent au chevron de sable ; sur le tout, de sable à trois lions d'argent ; épousa Marie DE BARONAIGE, qui portait : Fascé de gueules et d'or de six pièces, celles de gueules chargées chacune de trois sautoirs d'or.

Connu dans l'histoire des troubles sous le nom de « Mʳ de La Mouillerie, » il fut prévôt de Bavai en 1576, grand bailli de Courtrai en 1578, maître de l'hôtel de l'archiduc Mathias, le gouverneur du pays pour les Etats-Généraux, employé dans mainte ambassade en Allemagne et en France, et blessé mortellement en mai 1585, au secours de la ville d'Anvers assiégée par l'Espagnol (1).

Ils eurent :

A. *Chrétien* de Lalaing, portant comme son père. D'après les généalogies, il mourut en célibat, à Prague, au service de l'empereur.

(1) Bibl. nation., Ms. fr. 8289, fo 70.

B. *Philippe* de Lalaing. Il serait mort sans enfant.

C. *Jeanne* de Lalaing. Idem.

Toujours d'après les généalogies, la veuve d'Antoine aurait convolé avec Charles *Longin*, commissaire ordinaire des « monstres » ou revues. Dans De Seur, *La Flandre illustrée* (Lille, 1713 , in-8° , page 134) , on trouve , en 1609 , parmi les commissaires, Charles *Longin*.

Un capitaine d'infanterie « de La Mouillerie » combattit à Nieuport , en juillet 1600 , sous le prince Maurice *de Nassau* contre l'archiduc Albert (Le Petit, *L'histoire des Pays bas*, à S. Gervais, 1304, petit in-8°, II, page 679).

5° *Anne* de Lalaing , troisième enfant , religieuse à la « Camere » ou abbaye noble de La Cambre près de Bruxelles. Elle aurait fait profession en 1553.

6° *Marguerite* de Lalaing.

7° *Hélène* de Lalaing.

8° *Isabeau* de Lalaing , huitième enfant , qui brisait la première losange d'un lion de gueules et la dernière d'un chevron de sable, et en outre d'une plaine d'or. Elle fut la femme de Louis Le Poyvre , chevalier, seigneur de Houssoye , bourgmestre d'Audenarde. Dont postérité , qui porta écartelé de *Le Poyvre* et de Lalaing , et qui se para du titre de vicomte d'Audenarde. La dame de Houssoye mourut en 1608.

9° *Anne*   ) de Lalaing , religieuses à Ghis-
10° *Hélène*) lenghien.

11° *Antoinette* de Lalaing , mariée à Gérard DE SECLYN , portant : D'azur à trois croissants d'or. Dont postérité.

En 1555 et 1558, elle était demoiselle d'honneur de la comtesse d'Hoochstrate (voir branche d'Hoochstrate, XIV); elle se maria en 1563.

II. JACQUES I de Lalaing, écuyer, seigneur de La Mouillerie, épousa Marie D'ENGHIEN , héritière de Santbergen, portant : Ecartelé, aux 1 et 4, gironné de sable et d'argent de dix pièces, celles de sable chargées chacune de trois croisettes d'or ; aux 2 et 3, d'argent au croissant de gueules.

Sa femme étant morte en 1573, il convola, en novembre de l'année suivante, à Audenarde, avec Anne DU CHASTELER, veuve de Josse *van der Meere* (1).

Capitaine d'Audenarde en 1572 et fait prisonnier par les Gueux, à la surprise de cette ville , le 7 septembre, bourgmestre en 1574 , lieutenant-colonel du régiment d'infanterie de Bas-Allemands du comte de Fauquembergue , colonel d'un régiment au service des Etats-Généraux, au camp de Temploux , en décembre 1577 , et membre du conseil de guerre , il mourut à Alost, le 4 mai 1579.

(1) C'est à tort que, dans l'*Annuaire de la noblesse de Belgique*, Bruxelles, 1867, pet. in-8°, p. 162, on a prétendu corriger les généalogies de la famille du Chasteler, en substituant « Jacques du Luu, écuyer,» à notre Jacques de Lalaing; on trouve même, aux pages 171 et 172, la preuve que ce Jacques du Luu épousa Catherine van der Beke, veuve du seigneur de Worde (Josse van der Meere), mort en 1572, et non point Anne du Chasteler, belle-mère du précédent.

Il brisa l'écu de Lalaing-Hocchstrate d'un chevron de sable dans la dernière losange et d'une plaine d'or.

Du premier lit, il avait eu, d'après le tableau généalogique du cabinet des titres :

1° *Philippe* de Lalaing, écuyer, seigneur de Santbergen, qui donna le fief de Beauvolers, sis à Diergnau et mouvant du comté de Hainaut, à sa sœur *Catherine*, laquelle en fut «adheritée » vers 1582 (1). Déjà majeur en 1579, il mourut en célibat vers 1584.

2° *Guillaume* de Lalaing. Il mourut avant son père.

3° *Jean* de Lalaing. En 1579, il était religieux bénédictin à l'abbaye de Saint-Pierre de Gand.

4° Charles, qui suit.

5° *Gaspart* de Lalaing, mort en 1581.

D'après les généalogies, il aurait été tué au siége de Tournai par les Espagnols, étant capitaine des gardes du fameux prince d'Orange et gouverneur d'Utrecht pour les Etats-Généraux ; il se serait marié à d^{elle} N.. DE GESTEN.

On lit, dans le Nécrologe de Jean Franchomme, composé vers 1620 à Houplines sur la Lys (Ms. fr. 744 de la bibliothèque nationale, f° 473) : « *Jaspar* de Lalain, escuier, 5ᵉ filz entre 12 enfans de Charles (*sic*) de Lalain (qui fut

____

(1) Archives départ., compte du grand bailliage de Hainaut, 1588-1589, f° iij ; remise du droit seigneurial fut accordée à « damoiselle Caterine de Lalaing dit de La Mouillerie », par lettres patentes du 10 mars 1582; id., f° xlj.

filz de *Phlippes* de Lalain, cheualier, bastard de
de Hocstraten, etc.) et de Marie *d'Enghien*, dame
de Zamberghe, etc., morut cest an 1581. »

6° *Louis* de Lalaing. D'après les généalogies,
il se serait qualifié seigneur de La Mouillerie et
aurait épousé Françoise GUISELIN (1), dont :

A. *Pierre-Hippolyte* de Lalaing, chevalier,
seigneur de La Mouillerie et de Nieuwenhove;
admis dans les sept familles patriciennes de
Bruxelles, il fut échevin de cette ville en 1637
et en 1638 (Butkens, *Trophées de Brabant*,
II, page 429); il se serait allié, en premières
noces, à Anne D'IMMERSEEL, fille de Jean et
d'Agnès *Fasse*, et, en secondes noces, à Catherine DE FRAYE.

Il aurait eu du premier lit :

a. *Hippolyte* de Lalaing, chevalier, seigneur
l a Mouillerie, échevin de Bruxelles en 1660, 1667,
1672 et 1674 (Batkens, *l. cit.*).

b. *Agnès* de Lalaing, femme de Georges PAULI,
licencié en médecine.

7° *Ferry* de Lalaing. Il serait mort capitaine
au régiment du duc de Parme, sans avoir été
marié.

8° *Jacques-Melchior* de Lalaing. Dans *La
Flandre illustrée* de De Seur (Lille, 1713, in-8°,
page 134), il est appelé : « *Jaques* de Lallaing,

(1) Dans la généalogie de la collection Malotau, elle est appelée
« Françoise du Guesclin, appartenant à la maison de Bertrand du
Guesclin, connétable de France », et son mari l'aurait épousée en
France.

seigneur de La Mouillerie , commissaire ordinaire des monstres » ou revues. En septembre 1610, sa veuve , Charlotte Hinckaert , alors enceinte, habitait Bruxelles et réclamait le privilége d'exemption de logement, dont elle devait jouir en qualité de « veuve de feu sieur *Jacques* de Lalaing *dit* de La Mouillerie, en son vivant commissaire des gens de guerre pour Leurs Altesses Sérénissimes » (Goethals, *Dictionnaire* , III : Lalaing).

Il eut :

A. *Guillaume* de Lalaing, seigneur d'Ohain, né à Bruxelles et baptisé à la chapelle le 8 novembre 1608 (Goethals, *l. cit.*), époux de sa cousine Marie-Catherine DE LANDAS, fille de Philippe, chevalier, seigneur de Clabecq , et de Marie-Virginie *t'Serraerts*, celle-ci fille de Michel, chevalier , et de *Florence* de Lalaing (voir ci-après, III 4°). Elle se remaria , par contrat du 7 mai 1672, avec Pierre-Ernest *de Lattre ,* seigneur de Rombise , dont elle eut des enfants et avec lequel elle vivait encore en 1708 (Saint-Genois, *Monuments anciens*, II , page 65).

D'où une fille unique :

a. *Marie-Philippine* de Lalaing, née à Ohain, diocèse de Namu , le 4 août 1670, héritière de la terre d'Ohain et mariée à Jean-Baptiste HELLIN , vicomte d'Angest, mort à Ohain , le 3 novembre

1701. Dont postérité. Elle testa le 22 octobre 1727 (1).

On ajoute, comme enfants de Jacques et de Charlotte *Hinckaert* :

    B. *François* de Lalaing, mort jeune.

    C. *Jeanne* de Lalaing.

    D. *Florence* de Lalaing.

9° *Simon* de Lalaing. Il aurait été page de l'archiduc Mathias et serait mort capitaine au siége de Calais par l'archiduc Albert en 1596, sans avoir été marié.

10° *Maximilienne* de Lalaing. } mortes avant
11° *Florence* de Lalaing. } leur père.

12° *Catherine* de Lalaing *dit* de La Mouillerie, mariée, après 1582, à Philippe DU CHASTEL, chevalier, bailli de Wavrin (terre appartenant à la comtesse de Berlaymont née de Lalaing ; voir deuxième branche , XV 2°), commissaire au renouvellement de la « loi » (ou du magistrat) de Lille, fils de Gauthier et de Marie *Le Prévost* ; ces *du Chastel* portaient : D'argent à trois lions de sable , à la tour d'azur en abîme. Dont postérité.

Ces renseignements inédits sur l'alliance d'un *du Chastel* et d'une Lalaing sont dus à l'obligeance de M. Amédée de Ternas et sont extraits tant de son manuscrit généalogique en quatorze volumes (écriture du siècle dernier) , article *du Chastel*, volume coté BC, page 423, que du con-

(1) *Suppl. généalog*...... *à l'Histoire chronolo. des évêques*..... *à Gand*, Gand, 1777, in-8°, p. 190.

trat de mariage du fils aîné de ces époux, Philippe *du Chastel*, chevalier, « seigneur de Beauvolers, commissaire ordinaire pour Sa Majesté au renouvellem ent de la loi de la ville de Lille, capitaine de deux cents mousquetaires réformés», avec Jeanne *Carondelet*, passé le 7 septembre 1626, au château de Noyelles-sur-l'Escaut, lequel titre repose au château de Prémesque (entre Lille et Armentières), appartenant à M^r d'Hespel de Prémesque.

Il ne faut donc pas confondre, comme l'a fait Goethals, dans son *Dictionnaire* (III : Lalaing), l'époux de *Catherine* de Lalaing avec un autre Philippe *du Chastel*, chevalier, seigneur de Blangerval, gouverneur d'Audenarde de 1584 à 1613.

III. CHARLES de Lalaing, écuyer, seigneur de Santbergen, né vers 1562, épousa, à Bruxelles, par contrat du 9 juillet 1587, Catherine FOURNEAU, fille aînée de Charles, écuyer, et de Marie *de Gheyn*, héritière de Cruyckenbourg ; le futur ayant été assisté de Philippe-René *d'Oyenbrugge*, son oncle, et de Guillaume *d'Enghien*, secrétaire du roi au conseil privé (1).

Il mourut le 2 avril 1632, et sa femme, le 4 mai 1648; ils gisent au chœur de l'église de Santbergen.

Ils eurent un grand nombre d'enfants :

 1º *Jean* de Lalaing, mort en bas âge.

 2º Ferry-Servais, qui suit.

(1) *Annuaire de la noblesse de Belgique*, Bruxelles, 1863, petit in-8º, p. 151.

3° Nous croyons pouvoir ajouter un troisième fils : *Guillaume* de Lalaing, né vers 1591, qui s'appela frère *Gilles*, lorsque, vers l'âge de seize ans, il prit à Gand la robe de dominicain ; professeur de théologie à Osnabruk et à Gand, puis missionnaire apostolique en Frise, ensuite prieur du couvent des dominicains d'Osnabruk, il revint mourir au couvent de Gand, le 12 mai 1674; homme petit de taille, mais grand pour le service de Dieu, disent ses biographes. Il a laissé plusieurs ouvrages de dévotion, flamands et latins, imprimés et manuscrits (1).

4° *Florence* de Lalaing, morte vers 1662, ayant épousé : 1° Michel T'SERRAERTS, chevalier, seigneur de Ramelo, veuf de Catherine *van der Noot*; dont postérité ; 2, vers le mois d'octobre 1627, François DE PLAINE, seigneur de Terbruggen; dont postérité.

5° *Marguerite* de Lalaing, épouse de Philippe RUYCHROCH van de Werve, lieutenant-colonel du régiment du comte de Boussu.

6° *Anne* de Lalaing, mariée au chevalier anglais Thomas ELWARD, lieutenant-colonel au service du roi d'Espagne Philippe IV.

Anne *Fourneau*, mariée à Jean *Pasteels*, seigneur d'Oplinter, testa, le 1er juillet 1635, en faveur de ses nièces *Anne* et *Françoise* de Lalaing.

(1) *Scriptores ordinis Praedicatorum*, Paris, 1721, in-fo II, p. 652.

7, *Françoise* de Lalaing, décédée le 2 mai 1677, et gisant à Campenhout, auprès de son époux Philibert HINCKAERT, seigneur de Lille, mort le 17 août 1656 (Goethals, *Dictionnaire*, III : Lalaing).

8° *Marie* de Lalaing, née vers 1593, abbesse de Ghislenghien, de l'ordre de saint Benoit, au diocèse de Cambrai, élue en 1649, morte le 17 août 1660, ayant fait profession vers 1609. Elle git en son église.

9° *Jeanne* de Lalaing, religieuse noble à Ghislenghien, en 1642.

10° *Catherine* de Lalaing, indiquée ainsi dans les généalogies : « fille dévote » ou « fille retirée ».

IV. FERRY-SERVAIS de Lalaing, écuyer, seigneur Santbergen, épousa Anne-Marie VAN DER NOOT, fille de Jacques, chevalier, seigneur de Kieseghem, bourgmestre de Bruxelles (sept fois, de 1607 à 1631), et de Cathesine *Taye*.

Il mourut le 13 janvier 1670, et sa femme, le 8 décembre 1660 (Goethals, *l. cit.*).

Leurs enfants furent :

1° Jacques qui suit.

2° *Charlotte-Agnès* de Lalaing, mariée à Paul-Alexandre WYNSONS, mort le 5 mai 1695, et elle, le 11 octobre 1693 (Goethals). Ils gisent en l'église Notre-Dame à Termonde.

3° *Florence-Barbe* de Lalaing, épouse de don Gaspar DE RAMIREZ, capitaine d'infanterie espagnole dans le régiment du prince de Ligne.

4° *Catherine* de Lalaing, qui épousa : 1°, vers 1657, Viglius DE GRUUTERE, seigneur d'Yedeghem ; dont postérité, avec titre de baron ; 2°, à Grammont, Wratislaus-Eusèbe DE HEMBISE, vicomte de Courtrai.

V. JACQUES II de Lalaing, vicomte d'Audenarde (titre qu'il prit après avoir relevé le fief *dit* la vicomté d'Audenarde , qui appartenait précédemment aux *Le Poyvre*), seigneur de Santbergen, épousa : 1° par contrat du 28 avril 1670 (Goethals, *l. cit.*), Marie-Thérèse RYM, née à Gand le 19 novembre 1642 (*Id.*), fille de Charles, chevalier, baron de Bellem, et de Marie *Rodriguez* de Evora y Vega; elle décéda le 26 mai 1681; 2° Gertrude DAMMAN, dame d'Hemelveerdeghem, morte sans enfant, fille de Charles et de Marie *Coecke*.

Dans son jeune âge, il fut page de la reine Christine de Suède, avec laquelle il alla en Italie (en 1655); il servit ensuite le roi d'Espagne, comme capitaine de cavalerie. Aux inaugurations des souverains du pays, comme comtes de Flandre, le 19 mars 1702 et le 18 octobre 1717, il figura aux états, dans l'ordre de la noblesse, avec son titre de vicomte d'Audenarde. Il mourut le 11 octobre 1720.

Il eut du premier lit :

1° *Chrétien* de Lalaing, mort en bas âge.

2° Maximilien-Joseph, qui suit.

3° Don *Lopo-Maria-Carlos* de Lalaing *dit* le comte de Lalaing, né vers 1678, lieutenant général des armées du roi d'Espagne, capitaine de

grenadiers des gardes wallonnes, vice-roi de
l'Estramadure, mort à Madrid, le 14 janvier
1743. Il avait épousé, le 10 février 1731, dona
Mathias DE CALACANS y Abarca, qui lui survécut
jusqu'au 10 février 1770, et dont il eut :

A. Don *Bruno* de Lalaing, *dit* le comte de
Lalaing, né vers 1739, ayant été fait, dès l'an
1746, capitaine d'un régiment irlandais. Commandeur de Canaveral, de l'ordre de Cala-
trava, par collation du roi d'Espagne, en 1768;
en 1769, enseigne de la compagnie des gardes
du corps flamandes et colonel de cavalerie ;
maréchal de camp, en janvier 1789, il se maria, le 16 mars 1769, avec dona Maria-Gaëtana
DE LA CERDA y Vera, fille du marquis de Las
Rosas, majordome du roi catholique (1).

B. Dona *Brigida-Bruno-Maria-Carolina-
Theresia* de Lalaing, née en Espagne, le 8 octobre 1737, et mariée, en novembre 1753, avec
don Pedro DIAS DE MENDOZA, marquis de Fonta-
nar. Dont postérité, qui porte en Espagne le
titre de comte de Lalaing avec la grandesse.

4° *Caroline-Françoise* de Lalaing , mariée à
Gand, en l'église Saint-Michel , le 16 septembre
1693 (Goethals, *l. cit*) , à Ferdinand-Hippolyte
DELLA FAILLE , seigneur d'Huysse , grand bailli
de Gand, maréchal de camp des armées du roi

(1) Sur ce rameau espagnol, voir l'*Hist. chronol. des évêques de
Gand*, Gand, 1772, in-8o, p. 509. — Cf. Goethals, *Diction.*, III :
Lalaing.

d'Espagne. Dont postérité. La dame d'Huysse décéda en 1743.

5° *Marie-Liévine* de Lalaing, née vers 1674, religieuse en l'abbaye bénédictine de filles nobles, dite du Grand-Bigard, près de Bruxelles, morte le 8 juin 1736.

6° *Catherine* de Lalaing, décédée, en mai 1731, sans enfant de Jacques-Maximilien van der Meere, seigneur de Worde, veuf avec enfants, le 8 septembre 1718, de Florence-Caroline *de Grass*.

VI. Maximilien-Joseph, comte de Lalaing (par création datée de Vienne, le 7 avril 1719), vicomte d'Audenarde, général major au service d'Autriche et général d'artillerie des armées, conseiller d'Etat de l'empereur, gouverneur de Bruges en 1723; né vers 1677, il mourut à Bruxelles, le 19 avril 1756.

Grâce à son mérite personnel, ce seigneur sut donner à la branche d'Audenarde un reflet de l'éclat des temps passés.

Il portait de Lalaing plein. Par lettres patentes datées de Vienne, le 4 janvier 1749, il fut autorisé à timbrer ses armes d'une couronne à cinq fleurons et à les placer dans un manteau d'hermines.

Il épousa : 1°, en 1703, Marie-Catherine L'Archier, comtesse de Tildonck, décédée le 25 juin 1709, fille de Charles, comte de Tildonck, et de Marie-Françoise *d'Ennetières*; 2°, en mars 1726, Digne van Hove, dame de l'ordre de la Croix Etoilée (par réception du 3 mai 1747), veuve du comte de Winterfelt, lieutenant feld-maréchal au service d'Au-

triche, gouverneur de Termonde (Goethals, *l. cit.*) ;
fille de Jean-Charles-Nicolas, premier bourgmestre
d'Anvers, et d'Anne-Marie *Roose*.

Il eut, du premier lit :

1° Charles-Philippe-Joseph, qui suit :

2° *Hélène-Jacqueline* de Lalaing, décédée le
8 février 1779, s'étant mariée à Gand, en l'église
Saint-Michel, le 5 avril 1736 (Goethals, *l. cit.*),
avec son cousin germain François-Albert DELLA
FAILLE, baron d'Huysse, veuf, avec un fils,
de Marie-Anne-Jeanne *della Faille* ; fils du
seigneur d'Huysse et de *Caroline-Françoise* de
Lalaing (voir ci-dessus, V 4°). Dont postérité.

3° *Charlotte* de Lalaing, décédée sans alliance,
le 10 janvier 1768, gisant en l'église Saint-Michel de Gand, où était son épitaphe avec ses
seize quartiers.

Du second lit, le comte de Lalaing laissa :

4° Le comte *Eugène-François-Thérèse-Fa-
bien* de Lalaing, vicomte d'Audenarde, né vers
1726, ayant eu pour parrain le prince *Eugène
de Savoie* et pour marraine la comtesse de Vis-
conti ; d'abord page au service de l'archiduchesse Marie-Elisabeth, à Bruxelles, en 1740,
puis chambellan de l'empereur (dès 1753); marié:
1° vers 1749, avec Marie-Anne DE LA COSTE,
née vers 1728, morte à Bruxelles, le 14 septembre 1774, fille de Jean-Baptiste, écuyer,
seigneur de Straeten, bourgmestre de Bruges,

et de Marie-Anne-Gabrielle *des Buissons* (1); 2° à Paris, le 12 avril 1777, avec Agathe-Sophie d'Epeyrac, née en avril 1759, fille de Jean-Joseph, commissaire général de la marine du roi de France, et de Louise-Françoise *Boisgautier* des Operrières.

Il mourut en 1806.

Du premier lit il avait eu un fils :

A. Le comte *Maximilien-Joseph-Demphna* de Lalaing d'Audenarde, né vers 1753; capitaine au régiment de Saint-Ignon dragons, au service de l'empereur, mort « casuellement » à Anvers, sans s'être marié, le 18 novembre 1774.

Il laissa, du second lit, un autre fils :

B. *Charles-Eugène*, comte de Lalaing d'Audenarde, né à Paris, le 23 novembre 1779, y décédé le 5 mars 1859, sénateur, général de division, grand'croix de la Légion d'honneur; il s'était distingué dans les guerres de l'Empire, depuis 1806 jusqu'en 1813. Il n'a pas laissé d'enfant de sa femme Julienne Dupuy, fille du comte *Dupuy*, intendant du roi aux îles de France et de Bourbon, avant la Révolution, revenu en France en 1805, sa femme ayant été nommée dame d'honneur de l'impératrice Joséphine.

(1) Cette dernière était lilloise : ce qui explique pourquoi le comte Lalaing d'Audenarde acheta la bourgeoisie de Lille, le 8 août 789 (communication due à l'obligeance de M. Amédée de Ternas).

Nous ferons remarquer que les descendants du
comte de Lalaing, créé en 1719, ont interprété les lettres patentes dans le sens le plus large, c'est-à-dire
comme s'appliquant, non pas à l'aîné seul, mais à
tous les membres de la maison, « mâles et femelles,
nés et à naître de léal mariage à jamais »; les termes
des lettres de l'empereur Charles VI et les usages ger-
maniques autorisent pafaitement cette interprétation.
(Voir page 433 du tome 1 du *Supplément aux
Trophées de Brabant*.)

Enfin, le comte de Lalaing aurait eu aussi une
bâtarde :

> 1° (bis). *Bonne* de Lalaing, religieuse à Beau-
> pré (Dumont, *Fragments généalogiques*, Gand,
> Duquesne, 1862, tome IV, page 40).

VII. Charles-Philippe-Joseph, comte de Lalaing
et de Tildonck, en 1740 chambellan au service de
l'archiduchesse Marie-Elisabeth à Bruxelles, chambellan de l'empereur (dès 1744), décédé à Paris, le
10 août 1776.

Il avait épousé : 1°, le 13 septembre 1734, Marie-
Camille de Beer, morte le 29 décembre 1743, fille
de Philippe-Joseph, seigneur de Zeveren, capitaine
d'infanterie, et de Marie-Anne d'*Overloope*; 2°, le 7
février 1758, Marie-Anne-Josèphe-Hubertine-Isa-
belle Nollet de Bardimont, dame de l'ordre de la
Croix Etoilée, dou irière du baron *de Weichs*, grand
veneur de la cour de Bruxelles, fille de Nicolas-Joseph,
baron *Nol-et*, et de Marie-Anne *Bálbani*.

Du premier lit, il eut :

> 1° Maximilien-Charles-Joseph, qui suit.

2º Le comte *François-Joseph* de Lalaing, né
vers 1741, mort le 25 mars 1746 et inhumé aux
Dominicains de Gand (Goethals, *l. cit.*).

VIII. MAXIMILIEN-CHARLES-JOSEPH, comte de Lalaing et de Tildonck, dès l'an 1749 page au service
du duc Charles-Alexandre *de Lorraine*, à Bruxelles,
chambellan de l'empereur, major puis lieutenant-
colonel au régiment de Saint-Ignon dragons, grand
bailli de Courtrai, admis à l'état noble de Brabant le
11 mars 1777 et décédé à Bruxelles le 20 février
1780.

Il épousa, en l'église Saint-Bavon de Gand, le 15
novembre 1764, Anne-Marie-Philippine DE DRAECK,
née à Gand le 21 mars 1747, dame de l'ordre de la
Croix Etoilée par promotion du 3 mai 1768, dame
du palais de la gouvernante archiduchesse Marie-
Christine, décédée à Bruxelles le 18 juillet 1818, en
l'hôtel de Hornes, fille de Frédéric-François, baron
de Draeck, et de Marie-Lucie *Gage*.

Ils eurent :

1º Charles-Joseph-Guislain, qui suit.

2º Le comte *Antoine - Frédéric - Auguste-
Marie-Ghislain* de Lalaing, quatrième enfant,
né le 3 octobre 1770, décédé au collège à Tournai, en décembre 1781.

3º Le comte *Jean-Augustin-Joseph-Ghislain*
de Lalaing, sixième enfant, né le 28 août 1773,
chevalier de Malte par brevet de minorité du 21
octobre 1777, mort en célibat à Malines ou à
Gand.

4° Le comte *François-Joseph-Ghislain* de Lalaing, dernier enfant, né à Gand le 15 mars 1778, chevalier de Malte par brevet de minorité du 23 mai 1778, réadmis dans la noblesse du royaume des Pays-Bas par le roi Guillaume Ier, membre du corps équestre du Brabant méridional (en 1826 ; Franquen, page 31 de l'introduction), décédé célibataire à Bruxelles le 20 janvier 1851.

Il s'occupa de l'histoire de sa maison, notamment de la branche d'Audenarde, et voulut bien communiquer ses notes à M. Brassart père (voir la note de la page 72 de la *Notice historique et généalogique* de 1847 et la note de la page 88 de la *Notice* de 1854).

5° La comtesse *Marie - Anne - Frédérique-Françoise-Rosalie-Ghislaine* de Lalaing, l'aînée des enfants, née à Gand le 4 septembre 1765 et baptisée à Notre-Dame, chanoinesse de Nivelle, par installation du 11 juin 1771, après vérification de ses seize quartiers nobles, selon le nouveau règlement impérial du 23 septembre 1769. Ayant épousé, à Bruxelles le 4 juin 1807, Auguste-Marie-Chrétien , baron d'Overschie-Neeryssche, elle décéda inopinément le 1er juillet 1809. Dont un fils unique.

6° La comtesse *Angélique-Charlotte-Colette-Ghislaine* de Lalaing, née à Gand le 11 décembre 1766 et baptisée à Saint-Nicolas , installée chanoinesse de Nivelle, le lendemain de la réception de sa sœur ; décédée le 20 février 1782.

7° La comtesse *Hélèn -Philippine-Ghislaine* de Lalaing, cinquième enfant, née le 30 décembre 1771, chanoinesse de Nivelle le 9 mars 1784. Mariée, le 16 juin 1811, à Charles-Ferdinand-Antoine, comte D'ANDELOT, chambellan du roi des Pays-Bas, elle décéda à Bruxelles le 23 mars 1829. Dont postérité.

IX. CHARLES-JOSEPH-GHISLAIN, comte de Lalaing et de Tildonck (troisième enfant), né à Gand, le 28 octobre 1768 et baptisé à Saint-Nicolas, décédé à Bruxelles le 24 août 1816, dans son magnifique hôtel, dit l'hôtel de Hornes, que son père avait acheté au prince *de Salm*-Kirbourg en 1785.

Le 15 juin 1793, il obtint des lettres patentes érigeant en baronnie sa terre d'Arquennes.

Il épousa, le 11 mai 1807, la comtesse Marie-Henriette Octavie-Ghislaine DE MALDEGHEM, née à Bruxelles, le 12 août 1787, fille de Joseph-Alexandre-François, comte *de Maldeghem*, et de la comtesse Marie-Anne-Louise-Alexandrine-Théodore-Ghislaine *d'Argenteau*.

La comtesse douairière de Lalaing, ancienne dame du palais de la reine des Pays-Bas, amie des lettres et auteur de plusieurs productions littéraires (1), est morte à Bruxelles le 12 août 1866.

Ils eurent :

1° Maximilien-Jean-Ghislain, qui suit.

2° La comtesse *Anne-Octavie-Ghislaine* de

(1) *Archives historiq. et littér.*, Valenciennes, 1850 et 1852, in-8o, 3e série, I, p. 149, et III, p. 453. — *Messager des sciences historiq.*, Gand, 1849, in-8o, p. 350.

Lalaing, née à Bruxelles, le 23 juillet 1808, y décédée le 12 octobre 1810.

3° La comtesse *Hélène-Louise-Marie-Ghislaine* de Lalaing, née à Bruxelles, le 8 septembre 1809, y décédée le 5 octobre 1810.

4o La comtesse *Camille-Ange* de Lalaing, née à Bruxelles le 23 avril 1813, y décédée le 19 septembre 1840, s'étant mariée, en cette ville, le 25 juillet 1836, à son cousin germain Auguste-Charles, baron D'OVERSCHIE, né à Craenhem le 27 juillet 1806 , fils du baron *d'Overschie-Neeryssche* et de *Marie-Anne* de Lalaing (voir ci-dessus, VIII 5°). Dont postérité.

X. MAXIMILIEN-JEAN-GHISLAIN, comte de Lalaing et de Tildonck, vicomte d'Audenarde, baron d'Arquennes, né à Bruxelles le 24 avril 1811, ancien ministre résidant du roi des Belges auprès de la reine d'Espagne, chevalier de l'ordre de Léopold de Belgique, commandeur de l'ordre de Charles III d'Espagne et de l'ordre des saints Maurice et Lazare.

Le comte de Lalaing, grand amateur des beaux-arts, habite en son hôtel à Bruxelles, rue Ducale (n° 43); il possède le château de Santbergen, terre de ses aïeux, à trois lieues d'Audenarde.

Le 29 août 1855, il vendit l'ancien hôtel de Hornes aux Jésuites, qui y ont annexé l'hôtel d'Overschie, pour convertir le tout en collége Saint-Michel (1).

Il a épousé, le 17 avril 1855, Julie-Anne-Marie VIVANT, née à Rampore (Bengale, Indes Anglaises),

(1) *Messager des sciences historiq.*, Gand, 1843, in-8o, pp. 525 à 528.

le 6 janvier 1830, fille de Thomas-Gowau, esquire, et de Jane *Macnaghten* (fille de sir Francis, baronet), —dont il a eu :

1º Le comte *Charles-Maximilien-Jacques* de Lalaing, né à Londres, le 4 mars 1856.

C'est grâce aux renseignements qu'il a bien voulu nous communiquer que nous avons pu compléter les derniers degrés de la généalogie de la maison de Lalaing.

2º Le comte *Harold-George-Simon* de Lalaing, né à Londres le 28 août 1857, décédé à Bruxelles le 27 juillet 1858.

3º Le comte *Jacques-Edouard-Henri* de Lalaing, né à Londres, le 4 novembre 1858.

4º Le comte *Antoine-Maximilien-Simon* de Lalaing, né à Bruxelles, le 1ᵉʳ octobre 1866.

5º Le comte *Philippe-Camille-Harold* de Lalaing, né à Bruxelles, le 1ᵉʳ octobre 1866.

6º Le comte *Maximilien-Enguerrand-Simon* de Lalaing, né à Boulogne-sur-Mer, le 4 août 1869.

7º La comtesse *Marie-Henriette-Jeanne* de Lalaing, née à Bruxelles, le 25 décembre 1859.

8º La comtesse *Christine-Julie-Camille-Justine* de Lalaing, née à Bruxelles, le 16 décembre 1861, y décédée le 13 mars 1867.

9º La comtesse *Sabine-Hélène-Isabelle* de Lalaing, née à Bruxelles, le 24 janvier 1864, y décédée, le 4 février 1867.

Filiations inconnues.

Nous avons réussi à classer dans l'ordre généalogique la presque totalité des membres de la maison de Lalaing, dont l'existence nous a été révélée; trois fois seulement, nous n'avons pas cru résoudre le problème, une fois à propos de *Nicaise* de Semeries, vivant en 1420, une autre pour *Nicolas* de Semeries, bailli de Flobecq en 1433 (voir branche de Semeries), l'autre pour *Jean* de Lalaing, châtelain de Dossemer, tué en 1303 (voir branche de Laidaing), nous étant contenté de les rapprocher de la branche à laquelle ils semblent appartenir.

Les difficultés étant plus grandes encore en ce qui concerne les personnages énumérés plus bas, nous avons préféré ne pas les trancher. On remarquera toutefois que plusieurs de ces Lalaing ne sont cités que dans des chroniques, dont les éditeurs ou les copistes ont souvent dénaturé les noms de famille; c'est ainsi que le nom de Lalaing y a pris quelquefois la place des noms de Lannoy, Landas, etc., par exemple dans un manuscrit héraldique contenant une liste des princes tués à Poitiers, en 1356, où Jean *de Lalaing* (1) occupe la place du fameux Jean *de Landas*, favori du roi Jean et loué par Froissart.

C'est à dessein que nous laissons de côté les prétendus Lalaing signalés par Carpentier (2) comme

(1) *Messager des sciences historiques.* Gand, 1839, in-8°, p. 126.
(2) *Histoire de Cambray,* Leyde, 1664, in-4°, II, pp. 712-718.

gouverneurs de Guise, d'Oisy et de Bohain, au XIII⁰
siècle et au XIV⁰, ces listes de gouverneurs-là étant
imaginaires; du reste l'auteur ne se gênait pas pour
grossir ses généalogies, en y introduisant, par exemple, un gavenier de Cambrésis de l'an 1304, tandis
que sur sa liste des gaveniers (1), qui paraît sérieusement dressée, il faisait cette déclaration : « Le premier que je trouve avoir esté honnoré de cette charge
fut Jean, sire de Sombref, l'an 1349. »

Pour les indications qui vont suivre, nous avons
fait deux catégories, dans chacune desquelles l'ordre
chronologique est observé autant que possible.

§ 1. Gentilshommes.

« *Jehan* de Lalaing » possédait des rentes au
terroir de « Frasne » (aujourd'hui Fresnes, entre Valenciennes et Condé), que le seigneur de ce lieu lui
acheta, vers 1331, pour en enrichir l'abbaye de Flines (l'abbé Hautcœur, *Cartulaire*, pages 431 et 553).

Nous savons que messire *Gossart* de Lalaing était
seigneur à Fresnes en 1231 (voir première branche,
IV 2°).

Il y a lieu de rappeler ici qu'en 1346 vivait
Jean uit *Sanson* de Lalaing, chevalier (voir VIII 3°),
et en 1347 *Jean* de Lalaing, seigneur de Laidaing
(voir cette branche, 1).

D'après François Vinchant (mort en 1635, *Annales... du Hainaut*, Mons, 1851, in-4, IV, page 41),

(1) *Histoire de Cambray* ; comparez : p. 712 et p. 24.

il semblerait que le chevalier hennuyer, *Hugues* de
Lalaing, aurait pris part, en 1410, à l'expédition
malheureuse contre les Tartares, entreprise pour se-
courir les chevaliers de l'ordre teutonique ; il aurait
même été l'un des chefs de l'armée (1). Là se trouvait
le seigneur de Quiévrain (voir branche de Quiévrain,
XI), qui échappa aussi à ce désastre, mais pour périr
à celui d'Azincourt.

Dans certaines généalogies de Lalaing, on trouve
en effet un « Hugues de Lalaing, seigneur de *Vine-
reul,* » ailleurs qualifié de « seigneur de *Wincoulle,*
tué à Azincourt l'an 1415, » donné tantôt comme
troisième fils, tantôt comme second fils du seigneur
Otte et d'Yolente *de Barbançon* (voir première branche, X); mais, comme ce seigneur ne s'est pas marié
avant l'an 1390, son troisième ou même son deuxième
fils aurait été beaucoup trop jeune pour pouvoir être
chevalier et commander une armée en 1410.

A un autre endroit d'une de ces mêmes généalogies
de Lalaing, nous relevons ce passage renfermant une
de ces erreurs grossières qui se glissent trop souvent
dans ces sortes de travaux : « Le troisième fils de
Simon de Lalaing, sire de Sextemerie, en 1289, nommé Hugues de Lalaing, chevalier, seigneur de *Meleu-*

(1) Cf. le P. Butreau, *Annales d'Haynau,* d'après feu François
Vinchant, Mons, 1648, in-fo, p. 371. — Sur la bataille de Tanne-
berg, du 15 juillet 1410, voir Monstrelet, *La Chronique,* édition
Douët d'Arcq, Paris, 1858, in-8o, II, p. 74 : « Si y estoient aussi le
seigneur de Quievrain et Jehan de Gros [*sic*; lisez: Grez], hennuiers
et aveecques eulx bien vingt quatre gentils hommes de leur pays. »

*resse,*Oppy, Bois-Bernard, etc., fut tué à la bataille de
Ruisseauville en 1286; » or, on sait que cette bataille
n'est autre que celle d'Azincourt !

« Sire *Bauduin* de Lalaing » est cité parmi les
personnages de la suite du duc Charles le Téméraire,
à son entrée dans Valenciennes, le 30 avril 1473,
pour tenir le chapitre de la Toison d'Or. Nous devons
ce renseignement à l'obligeance de M. Amédée de
Ternas, qui l'a relevé à la page 303 du tome 1er de la
copie qu'il possède de l'Histoire civile de Valenciennes, par Simon Le Boucq, œuvre encore inédite de
l'historien valenciennois.

A la même maison nous semble appartenir un ecclésiastique, *Guillaume* de Lalaing, qui s'intitule
ainsi dans un acte du mois de janvier 1263 (vieux
style) : « Jou maistres *Willaumes* dis de Lalaing, ca-
noines de Condé, pourueres del hospital sainte Yza-
biel en Valenchienes » (Archives départ., fonds de
cet hôpital). Le poste de proviseur ou gouverneur de
l'hôpital de Sainte-Elisabeth était à la nomination du
comte de Haiuaut, qui y commettait un personnage
distingué du clergé, quelquefois même un prélat. Il
devint doyen de la collégiale de Notre-Dame de
Condé. On lit, en effet, sur une liste des biens appartenant aux chapellenies de cette église, dressée en
mars 1313 (1) : « Che sunt li bien de le capelerie ke
li doiens *Willaumes* de Lalain estora en leglise Nostre
Dame de Condet »; ces biens sont situés à « Tiuen-

(1) Bibl. nation., Ms. latin 9 917 ; cartul. de l'église Notre-
Dame de Condé, XIII° siècle, avec des additions ; f°° 70 et 72.

15.

chiele » (Tivencelles, près de Condé). Ceci est corro-
boré par les renseignements fournis, vers 1848, à feu
M. Le Glay par l'abbé Croquey, doyen-curé de Condé,
probablement d'après un vieux obituaire : la liste des
doyens, insérée dans le *Cameracum Christianum*
(Lille, 1849, in-4°, page 112, note 1), contient en effet, sans date, le nom de *Guillaume* de Lalain, qui a
assigné son obit sur deux journaux et demi de prés,
vers la chapelle qu'on dit les Wiards. »

il y a eu anciennement à Marchiennes un moine
du nom de *Jean* de Lalaing, qui était probablement
de cette noble maison. Sur l'obituaire de l'abbaye,
recopié au XVI° siècle (Ms. 826 de la Bibliothèque
de Douai), figure à cette date : *xv kal. Janu.*, c'est-à-
dire le 18 décembre, la mention : « *Johannes* de
Lalaing, *monachus noster.* »

§ 2. *Dames et demoiselles.*

Leur filiation offre plus de difficultés, surtout pour
les temps anciens.

D'après les généalogies de Lalaing, une certaine
« dame *Mahaut* de Lalaing », que l'on dit sœur ou
fille du seigneur *Gérard II* (voir première branche,
III), aurait été la première femme de Willaume, bâtard
de Hainaut, dit l'oncle du comte, chevalier, pair du
château de Valenciennes, seigneur de Thy-le-Château
au comté de Namur, avoué de Saint-Saulve près de
Valenciennes, cité très-fréquemment dans les chartes
et les chroniques de Hainaut, depuis l'an 1172 jusqu'en 1220 environ, époque de sa mort ; il fut régent

du comté de Hainaut, de 1201 à 1205, pendant que
son neveu, l'illustre Bauduin, comte de Flandre et
de Hainaut, devenait empereur de Constantinople.
On a voulu en faire un fils légitime de Bauduin IV,
comte de Hainaut, et d'Alix *de Namur* ; mais le
chroniqueur Gilbert de Mons dit positivement que
c'était un bâtard de ce prince. Il était né vers 1150 ;
c'est l'auteur de la première maison *de Werchin*. Il
portait: Parti, au 1er, semé de fleurs de lys, ; au 2e,
bandé de six pièces (Demay, *Sceaux de la Flandre*,
nº 144). Son fils, Gérard *de Hainaut*, sire de La
Longueville et de Werchin, acheta la sénéchaussée
de Hainaut vers 1235 ; il portait : Billeté au lion
brochant (1), écu qu'adopta son fils Jean *de Hainaut*,
sire de Werchin, en 1248, et que conservèrent les
sires de Werchin, ses descendants. Toujours d'après
les généalogies, ces *de Hainaut* dits *de Werchin* pro-
viendraient de *Mahaut* de Lalaing, première femme
de Willaume *dit* l'oncle.

Toutefois nous ferons remarquer que ce seigneur
figure, en 1212, comme avoué de Saint-Saulve, avec
sa femme *Havidis* (2), en wallon : Hawit, et avec ses
fils ; or, si le fief de Saint-Saulve provenait réellement de cette dame, comme on l'a dit, Willaume
aurait déjà été son époux en 1180, quand son frère,
le comte Bauduin V, le qualifiait ainsi : *Willelmus,
frater meus, Sancti Salvii advocatus* (3); mais il est

(1) Archives départ., fonds de Saint-Aubert. — Demay. no 990.
(2) D'Outreman, *Hist. de Valenciennes*, p. 417.
(3) Arch. départ., fonds de Vaucelles.

plus probable que cette avouerie provenait des comtes
de Hainaut. Hawit survécut à son époux.

Le frère de cette dame, chevalier valenciennois,
dominus Giffrodus, *miles*, figure dans un acte de
l'an 1224 (1).

Une dame « *N.....* de Lalaing » aurait épousé
Gérard, chevalier, seigneur *de Potes*, vivant à la
cour de Hainaut vers 1320, dont la fille, Marie *de
Potes* se serait mariée : 1° avec Gérard *de Barbançon*,
seigneur de Jeumont; 2° avec Jean *dit* Brongnart,
sire *d'Haynin*. Ce renseignement, tiré du *Recueil
généalogique des feuilles originaires des Pays-Bas*
(Rotterdam, 1778, in-8°, II, page 34), est confirmé
par Goethals, *Miroir*, I, page 8.

En 1340, « demisielle *Juliane* de Lalaing » possédait, à Lécluse, près de Douai, un « més » ou ma-
noir situé « contre la Crois », non loin du « més
oultre le pont » appartenant à « Mr de Raycourt »
ou Récourt, qui est l'orthographe moderne. Ce renseignement est tiré du cartulaire de Cambrai, f° 217,
reposant à la Bibliothèque nationale, département
des manuscrits, fonds latin des nouvelles acquisitions,
n° 1110.

Les généalogies de Lalaing mentionnent *Jeanne* de
Lalaing (en la donnant par erreur pour fille au seigneur *Nicolas III*; voir branche aînée, IX), mariée
au chevalier Olifart *de Lannais*, de la maison de
Landas, portant : Emanché en pal d'argent et de

____

(1) Bibl. nation., Ms. latin 9917; cartul. de l'église Notre Dame
de Condé, XIII° siècle, f° 29 v°.

sable de dix pointes et deux demies. D'où vint
notamment le chevalier Jean *de Lannais*, tué à Azincourt en 1415. Lannais ou Lannay est un petit fief
situé à Nomain et relevant de la Motte d'Orchies.

Une dame « *N....* de Lalaing » fut la première
femme du chevalier Wautier *de Bousies* dit *de Vertaing*, seigneur d'Aubigny-au-Bac, vivant en 1390,
mort vers 1405 ; c'est d'elle que sont descendus les
Vertaing, puis les *Rubempré*, qui ont possédé la
terre d'Aubigny. Il est certain que la seconde femme
de ce chevalier, lequel était remarié en 1397 et ne
laissa pas d'enfant du nouveau lit, fut Catherine *de
Waziers*, veuve elle-même, avec enfants, l'an 1382,
d'Amaury *Pourchel*, écuyer, seigneur de Frémiçourt,
et que cette dame mourut à Douai en 1428. L'alliance
du chevalier Wautier *de Vertaing* avec une Lalaing
est prouvée par les quartiers d'un de leurs descendants (1); quant aux autres renseignements ci-dessus,
ils sont tirés des archives municipales de Douai.

D'après Sanderus, dans sa *Flandria illustrata*
(édition de la Haye, 1732, in-fo, III, page 199), *N...*
de Lalaing, fille du seigneur de ce lieu, aurait été la
seconde femme de Guillaume *des Prez*, veuf d'une
fille du seigneur de Romont (? Reumont), mort en
1423 et gisant, avec ses deux compagnes, en l'église
de Baisieux-lez-Quiévrain, sous un monument de
marbre élevé. Mais on trouve dans le Ms. 886 de la
bibliothèque publique de Douai (Epitaphier de Ma-

(1) Jacques d'Ongnies, seigneur d'Estrées, bailli d'Aire en 1460.
Voir *Bulletin historique de la Société des antiquaires de la Morinie*,
Saint-Omer, 1860, in-8o, III, p. 254.

lotau, de l'an 1740, IV, page 318; renseignements
tirés du « Recueil des epitaphes du sieur Jean Lalou »), qu'il y eut, en l'église de « Baissye (*sic*) près de
Quiévrain » un marbre « où sont un homme armé,
sa femme lez luy », avec cette inscription: « Cby gist
Guillaume *des Pretz*, fils de Gille *des Prez* et de
dam^ell^e Marie *de Semeries* (1), lequel trepassa l'an
1422, le 26e jour de may »; et que, près de cette sépulture, il y avait « une lame de cuivre avec l'écriture suivante: En la bataille de Roseauville [*sic* ;
c'est Ruisseauville ou Azincourt], mourut George *de
Quievrain*, l'an 1415, le 25 octobre, ayant epousé
dam^ell^e Jehenne *des Prez*, fille sire Guillaume *des
Prez.* » Voilà des renseignements positifs qui semblent contredire les indications de Sanderus.

Demoiselle *N..* de Lalaing, portant les pleines
armes, aurait été la femme de N... *de Limoge* (2),
portant: D'azur au croissant d'argent ; leur fille
Marie *de Limoge*, mariée, en 1466, à Luc *Le Cocq*,
écuyer, seigneur de La Motte, guidon d'armes au
service du duc, et morte le 3 mars 1469, reposait à
Lille, en l'église collégiale de Saint-Pierre. Les quatre quartiers (*Le Cocq, Mam*s, Limoge, Lalain*) de
leur fils Hugues, maître en la chambre des comptes,
décédé en 1516, se voyaient autrefois, à Saint-Pierre
de Lille, sur un triptyque servant de monument
funèbre ; la planche gravée qui le représente a été

(1) Cf. branche de Semeries.
(2) Selon Carpentier, *Hist. de Cambray*. II, p. 624 : « Vincent,
s^r de Limoge. »

publiée dans le *Bulletin de la Commission historique*, Lille, 1862, in-8°, VI, page 92. L'*Indicateur nobiliaire de Belgique* (Bruxelles, 1869, in-8,) signale plusieurs généalogies manuscrites de la famille *de Limoges*, d'ailleurs fort peu connue. A la bibliothèque publique de Douai, l'armorial de Malotau (vol. 2, G.-P., f° 143, XVIII° siècle) contient les deux blasons suivants : « *de Limoges*, aux Pays-Bas : D'azur à un croissant d'or, » et « *de Limoges*, branche : Ecartelé, d'azur au croissant d'or, qui est *de Limoges*, et de gueules à dix losanges d'argent, qui est *de Lalaing*. »

L'obit d'*Anne* de Lalaing, dont le nom fut ajouté, au XV° siècle, sur le vieil obituaire de Marchiennes, se célébrait en l'abbaye, le 16 juin (16 *kal Jul.*). Voir au f° 88 r° du Ms. 827 de la bibliothèque publique de Douai.

Dans le Ms. 221 de la *Bibliotheca Hulthemiana* (Gand, 1837, in-8°, VI, page 61), se terminant par un *Album amicorum* de l'an 1585, on remarque la devise et la signature suivantes : « Vertu passe tout. *Jacqueline* de Lalaing » ; suivent d'autres devises et signatures de grandes dames ou de nobles demoiselles du pays : Anne et Marie *de Ligne* (sœurs, devenues l'une comtesse de Beaurieu, et l'autre comtesse de Beaurepaire), Anne *de Croy* (marquise de Renty, épouse d'*Emmanuel* de Lalaing ; voir deuxième branche, XIV 15°), Marie *de Hornes* (comtesse d'Egmont en 1579).

Un cuivre du XVIII° siècle, de la riche collection

de M. Preux, de Douai, représente deux écussons
accolés, de forme ovale, surmontés d'une couronne à
perles et supportés par deux lions de sable. Le premier écu (armes du mari) est : D'argent à trois co-
quilles de sable; le second (armes de la femme), *de
Lalaing* plein. Voilà qui semble témoigner de l'alliance, relativement récente, d'une *N...* de Lalaing
avec un personnage qui nous est inconnu.

VII.

MÉLANGES ET SYNONYMIE

DE LALAING.

Plus une maison est illustre, plus il y a de prétentions justifiées ou non pour s'y rattacher. On peut
porter un autre nom (le plus ordinairement celui
d'un fief) et appartenir réellement à cette maison-là,
de même qu'on s'appellera *de Wavrin*, *de Ligne*, *de
Lalaing* ou *de Croy*, sans être de telles lignées.

Les notes qui vont suivre concerneront certaines
familles *de Lalaing* ou *de Lalain*, aussi bien celles
qui ont affiché des prétentions, que celles qui se sont
contentées de porter modestement un nom rendu
illustre par d'autres héros que leurs obscurs ancêtres.

Un Lallain abbé de Saint-Josse-sur-Mer en 1085.

Selon la *Gallia Christiana* (Paris, 1751, in-f°, X,
colonne 1292), Wautier (*Walterus*) de Lallain fut à
la tête de cette abbaye bénédictine en 1085 et 1105.

Après avoir fait observer qu'à cette époque les
chartes ne donnent point de surnom (nous dirions
aujourd'hui : de nom) aux prélats, se contentant de
les désigner par leur nom (aujourd'hui : prénom), et
que ce surnom n'aura été attribué que rétrospective-

ment à l'abbé Wautier, nous ajouterons que, nos Lalaing n'étant encore à cette époque appelés que de Forest (voir branche aînée, I à III), l'abbé de Saint-Josse est, bien sûr, étranger à cette maison.

Famille Penel.

Elle porta très-longtemps le nom de Penel seulement. Gilles Penel *dit* Lioncel épousa Jeanne *de Longueval* dit *de La Barre* (fille de George, roi de l'Epinette à Lille en 1396, portant *de Longueval* au franc-quartier d'or chargé d'une merlette de sable, et de Jeanne *de Bossut*), qui mourut en 1492, mère de noble homme Jean Penel, né à Averdoing au comté de Saint-Pol, chanoine d'Arras, mort en 1512, après avoir fondé une chapelle dans le cimetière de Saint-Nicaise en Cité-lez-Arras, où il fut enterré près du marbre de sa mère (1). Nous avons eu en communication un titre en parchemin du 21 mars 1585 ou des « lettres de terrier » pour la seigneurie de La Barre, s'étendant ès paroisses de Gondecourt, Chemy etc., en la châtellenie de Lille, lesquelles avaient été obtenues par « Franchois Penel, escuier, s' de La Barre. »

En 1507, Guillaume Penel était le bailli à Beuvry, près de Béthune, de plusieurs gentilshommes ayant des fiefs tenus du seigneur de Beuvry (Bouthors, *Coutumes*, Amiens, 1853, in-4°, II, page 364).

Néanmoins, dans les généalogies, on voit figurer

(1) Goethals, *Miroir*, II, p. 852. — Ferry de Locres, *Chronicon*, pp. 564-565.

ces Penel sous le nom de « de Lalaing *dit* Penel »,
ayant pour armes : Ecartelé, aux 1 et 4 *de Lalaing* ;
aux 2 et 3, d'azur à trois jumelles d'or.

Nous trouvons, dans la *Flandria illustrata* de Sanderus (La Haye, 1732, in-f°, II, page 364), que
« Clara Penell », descendante légitime des comtes
de Lalaing *(e comitum Lalanorum legitima prosapia
oriunda)*, se maria avec Olivier *de Quaetjonck*,
seigneur de Virlinchove, en la paroisse de Brielen,
non loin d'Ypres ; ce personnage, qui vivait au temps
des troubles du XVI° siècle, était quinquagénaire,
quand il contracta cette union, d'où naquit un fils ;
devenue veuve, Clara Penel convola à de secondes
noces et jouit, cinquante-deux ans durant, des biens
de son premier mari.

Antoine Penel, écuyer, « s^r de Warignies et de
Le Becque », trépassa avant sa femme Adrienne *de
La Cornehuse*, morte en 1513 et gisant à Arras, en
l'église Saint-Nicaise. Voici quels auraient été ses
quartiers : « *Penel-Lalaing* écartelé de *Beaufort* ;
Longueval écartelé *du Bois de Fiennes* (1) ; *Framecourt* et *Incourt :* D'argent à l'écusson de gueules en
abîme et huit merlettes de... mises en orle » (2).

Jeanne Penel, héritière de Warignies, fille d'Antoine et d'Adrienne *de La Cornehuse*, épousa, par

(1) D'après Goethals, *Miroir*, II, p. 342, George de Longueval dit
de La Barre, père de Jeanne, femme de Gille Penel (voir ci-dessus),
porta *de Longueval* brisé d'un franc-quartier d'or à la merlette de
sable.

(2) Bibl. publique de Douai, Ms. 886 ; Epitaphier de Malotau,
de l'an 1740, IV, pp. 189 et 290.

contrat du 17 avril 1560, Hector *de Beauffort*, seigneur de Warlincourt, mort en 1589 et gisant à Boisleux (1). Sur la tombe de sa petite-fille, Michelle-Anne *de Beauffort*, baronne de Cuincy, morte en 1643 et inhumée en l'église de Cuincy (2), on voyait, parmi ses huit quartiers, ceux de « *Lalaing* et *Cornhuse* ».

Jeanne-Marie *Bonmarchiet*, abbesse de Denain en 1650, était fille de Françoise Penel, héritière de La Barre, mariée à Antoine *Bonmarchiet*, écuyer, seigneur de La Brayelle; elle était petite-fille de Léon Penel, écuyer, seigneur de La Barre, bailli de la principauté d'Espinoy en 1556, mort en 1561, et de Marguerite *des Wastines*; et arrière-petite-fille de Jean Penel, seigneur de Warigny et de Gillette *de Framecourt* (3). Pour l'admission à Denain, ses quatre quartiers maternels avaient été acceptés ainsi : « *Penel*-Lalaing, *Framecourt, des Wastines, La Doyère* ».

Sa sœur Barbe *Bonmarchiet*, morte à dix-huit ans en 1611 et enterrée à l'abbaye de Sin-le-Noble, avait aussi, de par sa mère, les quartiers de « *Penel* dit Lalaing » et *des Wastines* (4).

(1) Goethals, *Diction.*, I : Beauffort-Boisleux.

(2) *Souvenirs de la Flandre wallonne*, Douai, 1866, in-8, VI, p. 65. — Le père de la baronne de Cuincy, Louis de Beauffort, chevalier, seigneur de Boisleux, gouverneur du Quesnoy, mort en 1608, avait aussi, parmi ses quartiers, celui de « Lalaing-Penel écartelé de Beaufort » et celui de La Cornehuse (Epitaphier de Malotau, IV, p. 225).

(3) Saint Genois, *Mémoires généal.*, Amsterdam, 1780, in-8o, 1, p. 401. — Goethals, *Histoire de la maison de Waurin*, Bruxelles, 1866, in-4o, p. 402.

(4) Epitaphier de Malotau, IV, p. 242.

Nous n'avons pu découvrir ce qui a donné lieu aux Penel de se dire, à une époque relativement récente, de la maison de Lalaing.

Famille de Lalaing de Montigny.

Ses prétentions se sont affirmées d'abord dans l'ouvrage nobiliaire de C. de Frauquen (*Recueil historique, généalogique, chronologique et nobiliaire des maisons et familles illustres et nobles du royaume*), publié à Bruxelles, en 1826, in-4°; elles se sont reproduites dans l'*Annuaire de la noblesse de Belgique* (Bruxelles, 1851, in-8°, pages 158-160); enfin elles ont reçu une sorte de consécration dans le *Miroir des notabilités nobiliaires* (Bruxelles, 1862, in-4°, tome II, pages 502 à 510), où feu M. Goethals a cru, lui aussi, pouvoir placer ces Lalaing-Montigny au rang de filiation qu'ils osaient réclamer parmi les grands Lalaing.

Selon la généalogie de l'*Annuaire*, *Sanche* de Lalaing, seigneur d'Oprebaix (voir branche aînée, X 2°), quoique connu par mainte chronique et une foule de documents, ne serait pas le second fils du seigneur *Otte* et, bien plus, on aurait été induit en erreur sur son vrai prénom! il se serait appelé Jean et aurait été le troisième fils. On veut bien ne pas apporter de changements aux noms de Catherine *de Robersart*, dame de « La Bruille », c'est-à-dire d Escaillon et de Bruille, bru du seigneur *Otte*; mais au lieu de la fille unique qu'elle laissa, *Jeanne* de Lalaing, hé-

ritière d'Escaillon et de Bruille, épouse de Philippe
de Bourbon, seigneur de Duisant, on la gratifie de
deux enfants : 1° un fils, « Jean de Lalaing, seigneur
d'Oprebais et de La Bruille, gentilhomme de la
chambre de Louis XI, roi de France, marié, en
1496, avec Marguerite de Lens, dont un fils, Philippe, qui continua la descendance » ; et 2° une fille,
Catherine (*sic*), femme de Philippe *de Bourbon*, seigneur de Dieusant (*sic*). Quant à ce prétendu gentilhomme de la chambre du roi Louis XI, il n'aurait été
seigneur d'Oprebais et de « La Bruille » qu'*in parti-
bus*, attendu que les fiefs, tant paternels que maternels, d'Oprebais, d'Escaillon et de Bruille échurent
certainement tous à *Jeanne* de Lalaing.

Selon le fragment généalogique publié par Goethals,
dans son *Miroir*, il n'y aurait pas à changer le prénom
de *Sanche* de Lalaing, qui conserverait aussi le second
rang parmi les fils du seigneur *Otte* ; ni le prénom
de sa fille, *Jeanne* de Lalaing ; mais il aurait eu un
fils, qui se serait appelé aussi Sanche, qui aurait été
seigneur d'Oprebaix et de Montigny, et aurait épousé
Marie de Hamal ; dont fils et fille : la fille, Marie,
unie à Jean, seigneur d'Apscon, et le fils, Jean de
Lalaing, gentilhomme ordinaire de la chambre du
roi Louis XI, époux de Marguerite de Lens, dont un
fils, Philippe, continuant la postérité.

D'après Franquen, *Sanche* de Lalaing aurait été le
troisième fils du seigneur *Otte* et aurait eu, non-
seulement une fille qu'on prénomme Catherine
(répétant l'erreur déjà commise par le P. Anselme,

I, page 361), mais aussi un fils, Sanche, ayant
épousé, en 1460, Marie de Hamel, dont il aurait eu
une fille, Marie, femme de Jean, seigneur d'Asperen,
et un fils, Jean, « sire d'Oprebaix et de la Bruille, »
qui « passa en France en 1477, à la sollicitation de
Catherine de Lalaing (1), sa tante, épouse de Philippe de Bourbon, seigneur de Duisant, et fut gentilhomme ordinaire de la chambre de Louis XI, roi
de France ; » enfin il se serait marié, en 1496, avec
Marguerite de Lens.

Entre ces trois versions ou variantes, du reste aussi
absolument dénuées de preuves l'une que l'autre, la
différence saillante, c'est une génération de plus ;
dans les dernières, on respecte au moins la person-
nalité de messire *Sanche* de Lalaing, qui eut l'honneur d'avoir pour neveu le Bon Chevalier. Remar-
quons que l'idée de lui attribuer un fils était déjà
venue à Carpentier : « il eut un fils nommé Sance,
mort, selon quelques uns, sans lignée », dit-il à la
page 713 du 2ᵉ volume de son *Histoire de Cambray*
(Leyde, 1664, in-4°). Avouons que, pour les forgeurs
de généalogies, qui tous font grand cas du bon Carpentier, c'était tentant de donner des descendants à ce
deuxième Sanche, puisque « quelques uns » seulement lui refusaient une « lignée ».

De ces essais généalogiques, le plus curieux est
sans contredit celui publié par feu M. Goethals, à
cause des prétendues preuves qu'il contient.

(1) Déjà en 1475 Philippe de Bourbon était veuf de la fille de
Sanche de Lalaing, petite-fille du seigneur Otte.

C'est d'abord le contrat de mariage de Philippe de
Lalaing, fils de Jean, cités plus haut, passé à Lon-
guyon en Lorraine, le 17 août 1530, le futur y étant
qualifié de « messire Philippe de Lalaing, chevalier,
fils de haut et puissant seigneur Jean de Lalaing,
chevalier, gentilhomme ordinaire de la chambre de
défunt Louis, roi de France, qui soit en gloire »; soit
dit en passant, le roi dont il s'agirait ici serait Louis
XII, et non Louis XI, comme l'affirme la généalogie.
Parmi les cousins du futur, présents au contrat, figurent notamment : « hauts et puissants seigneurs: Antoine de Lalaing, comte de Hooghstraeten, chevalier
de l'ordre de la Toison d'or, conseiller et chambellan
de l'empereur » ; « Everard [Richard, selon Fran-
quen] de Pallant, comte (sic) de Culembourg, baron
de Pallant ». Quant à la présence du comte d'Hoochstrate, elle peut sembler extraordinaire : un grand seigneur, principal ministre de Charles-Quint aux Pays-
Bas, serait allé dans les Etats d'un allié de François
I⁰ʳ, rien que pour assister aux noces d'un parent très-
éloigné (attendu qu'il est prouvé que ces Lalaing-
Montigny ne descendaient pas du seigneur Otte) et
qui servait les ennemis de son maître. D'ailleurs le
comte d'Hoochstrate était à cette époque très-occupé
à régler, avec les négociateurs français, les consé-
quences de la paix de Cambrai : ainsi, le 14 août
1530, il écrivait, à ce sujet, « de Hoochstraten », et
de Malines, le 12 septembre, au grand maître de
France (1), le fameux Anne de Montmorency. Mais

(1) Bibl. nation., Ms. fr. 3008, fᵒˢ 154 et 46.

où la supercherie se dévoile, c'est dans la qualité donnée au seigneur de Pallant, époux de *Marguerite* de
Lalaing, fille du comte *Charles* I (voir deuxième
branche, XIII 5°), qui ne fut ni seigneur ni comte de
Culembourg ; la terre de Culembourg appartenait, en
1530, au comte d'Hoochstrate, du chef de sa femme,
et elle ne fut érigée en comté que l'an 1555, au profit
du fameux Floris *de Pallant*, fils des précédents et
l'un des chefs des Gueux.

Le contrat de mariage de Guillaume de Lalaing,
fils de Philippe, cité plus haut, passé à Briey en Lorraine, le 10 octobre 1567, n'a pas été moins falsifié
que le précédent. Le futur, ainsi qualifié : « noble
seigneur Guillaume de Lalaing, chevalier, fils de
haut et puissant seigneur Philippe de Lalaing, chevalier, seigneur d'Inor en partie », aurait été assisté
« de haut et puissant seigneur *Philippe*, comte de
Lalaing, baron d'Escornaix, seigneur de Bracle,
Escaussines, Saint-Aubin et Condé, son cousin ».
Outre que Condé n'a jamais appartenu au comte *Philippe* et que l'énumération de ses qualités diffère de
celles qu'on trouve dans les titres authentiques, il est
matériellement impossible que le comte ait été à
Briey le 10 octobre 1567, attendu qu'il séjournait
alors, et depuis quelque temps déjà, à la cour de
Madrid (1).

Nous avons, croyons-nous, découvert l'auteur de
ces falsifications et sans doute aussi de beaucoup

(1) Cf. Gachard, *Correspond. de Philippe II*, Bruxelles, 1848,
in-4o, I, p. 637, note 2 ; et *Compte rendu des séances de la Com.
roy. d'hist.*, Bruxelles, 1863, in-8o, 3° série, IV, p. 454.

16.

d'autres supercheries, commises dans les contrats de mariage des 16 juillet 1601, 3 janvier 1630 (1) et 10 juin 1688 (2), analysés par Goethals. Si nous nous en rapportions aux documents exhibés en la susdite généalogie, on l'aurait appelé, en 1754 : « Très-illustre seigneur, messire Pierre-Alexandre, comte de Lalaing, des anciens comtes de Lalaing et de Hooghstraeten, premiers comtes du duché de Brabant, chevalier, sire et baron de Montigny », et son fils aurait été aussi : « Très-illustre seigneur », « comte de Lalaing, chevalier, premier comte du duché de Brabant » ! En réalité, Pierre-Alexandre de Lalaing, connu sous le nom « du s^r de Montigny », était un ancien employé du trésor des chartes à Paris, auteur anonyme d'un méchant livre héraldique intitulé : *Annoblis tant du duché de Lorraine que de celui de Bar, par le duc René, avec le blason de leurs armes à commencer depuis 1382*, Liége, 1753, petit in-8°, réimprimé plusieurs fois ; la liste des anoblis s'arrêtant en 1750.

Sur l'exemplaire de la bibliothèque nationale (3), on lit que cet ouvrage a été fait « par le s^r Montigni, écuier, ci-devant emploié au trésor des chartes,

(1) 3 octobre 1631, selon Franquen et l'*Annuaire*.

(2) 1674, selon les mêmes.

(3) Il est probablement incomplet : la série des anoblis, commençant à la page 1, finit à la page 187 ; suit la table, qui est paginée : 377 à 420. Dans sa préface, l'auteur parle des « noms des maisons illustres de Lorraine que nous y avons joints » ; mais on ne les trouve pas dans cet exemplaire.

sous M. Lancelot (1), 1737-1740 ». La note manuscrite qui est de Jamet (2), selon M. Guigard (*Bibliothèque héraldique*, Paris, 1861, in-8, page 245, n° 2679), ajoute la remarque suivante : « Cet ouvrage est horriblement défectueux, l'auteur ignore même le jargon héraldique. On ne peut faire pis, car, pour surcroît de malheur, l'impression est pleine de fautes. M. Gallois, secrétaire d'Etat de Lorraine, me l'a apporté de Nancy, de la part de M. Cognel, avocat en la cour souveraine de Lorraine et Barrois. A Paris, ce 25 janvier 1755. »

Lalaing-Montigny avait formé à Paris un cabinet héraldique, dont l'inventaire se trouve à la Bibliothèque nationale, dans l'état sommaire de la collection Bréquigny (3). Aux f° 163 et 164 de ce manuscrit, on lit :

« Etat du cabinet de M. le comte de Lalaing de Montigny. — Le cabinet de M. de Montigny est composé de trois cents portefeuilles, de l'épaisseur de la paume de la main, lesquels contiennent :

» 1° Plus de trois mille titres originaux, sçavoir : contrats de mariage..., lettres de noblesse, dont plusieurs ne sont point au Trésor des chartres de Lor-

(1) Garde du trésor des chartes, de 1732 à 1740, époque de sa mort; envoyé, en 1737, à Nancy, pour dresser l'inventaire des archives de la Lorraine (*Biogr. univers.* de Michaud, Paris, 1819, in-8, t. 23°, p. 322).

(2) Bibliophile, mort à Paris en 1778, ayant demeuré vingt ans à Nancy, de 1737 à 1757 (*Biogr. univers.* de Michaud, *Supplément*, Paris, 1841, in-8., t. 78°, p. 76).

(3) *Bibl. de l'Ecole des chartes*, Paris, 1874, in-8, p. 281, n° 128.

raine, étant antérieures aux *registrata* qui n'ont commencé qu'en 1473.

» 2º Un dépouillement des *registrata* du Trésor des chartres. Ce dépouillement n'est point dans l'inventaire de M. Lancelot.......

» 3º Un extrait des lettres d'annoblissement accordées par les ducs de Lorraine depuis 1473 jusqu'à présent, au nombre de près de deux mille.

» 4º Une collection des lettres d'annoblissement qui ne sont pas au Trésor des chartres de Lorraine, ayant été déchirées des *registrata* où elles étoient, et même plusieurs de ces *registrata* ont été perdus ou enlevés, comme on le peut voir dans la notte que M. de Montigny en a fait avec M. Lancelot et qui a été envoyée en cour.

. . . .

» 11º Un dénombrement général très-exact des duchés de Lorraine et de Bar, fait en 1739.

. . . .

» 14º L'histoire généalogique des principales maisons des Pays-Bas et du pays de Liége.

» 15º L'histoire généalogique des familles du parlement de Paris, anciennes et nouvelles.

. . . .

» 20º Un extrait des preuves ou quartiers des chevaliers de Malthe, des grands prieurés de France et de Champagne. ».

Lalaing-Montigny s'était fait graver un *Ex libris* (1) au nom de : « Pierre-Alexandre de Lalain, des

(1) Collection du libraire Claudin, à Paris (communication due à l'obligeance de M. Preux).

comtes d'Ochstraate, sire de Montigny », avec les
armes pleines et la devise : « Lalain sans reproche. »

A propos de sa prétention de se dire : « des comtes
de Lalaing et des comtes d'Hoochstrate », on fera
observer qu'elle n'eût pas été justifiée, quand même
il serait réellement descendu d'un fils du seigneur
Otte, mort en 1441 ; en effet les deux titres de comte
n'ont été conférés qu'en 1518 et en 1522 au profit de
descendants de messire *Simon* de Lalaing, autre fils
d'*Otte*.

Le généalogiste Lalaing-Montigny (1), fils, dit-on,
d'un capitaine de cavalerie au régiment du Roi, mort
en 1693, aurait été page à la cour de France, puis
cornette au même régiment, et aurait épousé, en
1717 ou 1720, la fille d'un avocat au parlement de
Paris.

Sa mère, Barbe-Françoise Olry, retirée à Paris
après la mort de son époux (d'après Franquen),
aurait, selon l'affirmation de Goethals, fait « enregistrer les armoiries de feu son mari et les siennes
propres, le 20 mars 1699 (le 30 mars 1696, d'après
l'*Annuaire*), dans le registre de la généralité de
Paris. » Voilà encore une supercherie ! Nous nous
sommes assuré que le nom de Lalaing-Montigny, pas

______

(1) Né le 16 août 1690, selon Franquen et l'*Annuaire* ; au château de Martimprey en Lorraine, selon Franquen ; mais selon
Goethals, né à « Gerbepal, diocèse de Toul, et baptisé à la chapelle
Sainte-Anne de Martimprey, le 16 août 1686 ». Remarquez que
Goethals place en 1688 le contrat de mariage d'où serait issu le
généalogiste Lalaing-Montigny.

plus que celui d'Oiry (1), ne figure point dans l'Armorial général de d'Hozier, registres de Paris, ni dans l'exemplaire dont les tables ont été publiées, ni dans celui aux blasons coloriés dont les tables ne sont pas encore faites. La publication des tables prouve en outre que le nom de ces Lalaing-Montigny ne figure à l'Armorial dans aucune des provinces du royaume.

Grâce à cet amas de faussetés, deux frères, petits-fils du généalogiste Lalaing-Montigny, réussirent, paraît-il, quoique simples avocats à Bruxelles, à se faire présenter à la cour, le 17 mars 1782, « en qualité de gentilshommes chevalereux de nom et d'armes » ; c'est du moins ce qu'affirme Franquen ; toutefois Goethals ne mentionne point le fait.

Avant de conclure à l'égard des prétentions de ces Lalaing-Montigny, on rappellera que, pour se rattacher à une maison, quand le point de jonction ne se peut préciser, il ne suffit pas de porter le même nom (2), mais que bien d'autres conditions sont nécessaires, notamment : justifier par sceaux, vieux armoriaux, etc., qu'on portait les mêmes armes, pour le moins au XVe siècle ; avoir ses fiefs dans la même province ou dans un pays voisin ; produire quelque document ancien qui témoigne d'une certaine affinité. Ces con-

---

(1) Dans le reg. de Lorraine, p. 617 de l'Armorial général, on lit : « Martin Oiry, marchand mercier et bourgeois de la ville de Metz : D'azur à une fasce d'argent chargée d'un trefle d'azur. »

(2) Quoique feu M. Goethals ait paru attacher une certaine importance à la forme de l'écriture du nom de *de La Laing*, résultat probable du seul caprice d'un scribe, il est certain que c'était le même nom de famille, qu'on l'écrivît ainsi, ou bien *de Lalaiu*.

ditions, nous les avons vu réaliser par les branches
de Laidaing et de La Houardrie, dont le point de
jonction est resté inconnu. Mais aucune d'elles n'a
été remplie par les Lalaing-Montigny ; au contraire
les titres, assez modernes, qu'on a exhibés à l'appui
des prétentions, portent la trace indéniable de falsifications nombreuses ; enfin un généalogiste, comme
il n'y en a eu que trop, était partie directement in-
téressée dans l'affaire.

En résumé, non-seulement on a échoué malheureusement dans la tentative ambitieuse de se greffer
sur l'antique maison de Lalaing à un point déterminé,
mais on n'a même pas réussi à fournir quelque chose
ressemblant à un indice d'une communauté d'origine
avec les ancêtres des preux du moyen âge, des chevaliers de Philippe le Bon et des nobles comtes du
XVIe et du XVIIe siècle.

Famille Li Alain, Lalain et de Lalaing à Douai.

Au XIIIe siècle, existait chez nous une famille pa-
tricienne et opulente, dont le nom s'orthographiait le
plus ordinairement ainsi : *Li Alain*, quelquefois, par
élision : *Lalain*, mais rarement : *Lalaing*. « Alain »
est un vieux mot wallon, signifiant : veau de dix-
huit mois à deux ans (Hécart, *Dictionnaire rouchi-
français*, Valenciennes, 1834, in-8°, page 24).

A l'échavinage douaisien on trouve : en 1220,
Nicolas; de 1252 à 1277, Gilles; de 1287 à 1293,
Jean; de 1292 à 1295, Andrieu; le nom de *Li Alain*
disparaît alors des listes.

L'obit de *Egidius Lalen* (Gilles *Lalain*), *familiaris abbatiae Aquicinctensis*, sans doute l'échevin du XIII° siècle, se célébrait à Anchin, au mois de juillet (1).

Ruesselle *Lalain*, fille de Jean, l'échevin précité, épousa, vers 1270, Jean *d'Auby*, fils ainé d'Evrart *d'Auby*, chevalier, de la maison des châtelains de Douai; d'où vinrent les *d'Auby*, seigneurs en partie du village de ce nom (2), ancêtres présumés des *du Hem* d'Auby.

Dans les listes des vieux échevins dressées au XV° siècle, c'est la forme *Lalaing* qui est adoptée de préférence aux deux autres. C'est aussi cette forme qu'ont retenue, en y ajoutant la particule, la ou les familles de ce nom qu'on retrouve à Douai, postérieurement au XIII° siècle, mais dans une situation toute différente des anciens *Li Alain*. Il est possible que ce soient des branches déchues et cette décadence a dû se produire dans un grand nombre de nos plus anciennes familles patriciennes, puisque leur nom s'est conservé à Douai, de siècle en siècle, mais presque toujours dans les rangs infimes. On sait qu'autrefois, surtout dans nos provinces, la particule n'était nullement un signe nobiliaire; aussi, malgré son adjonction, qui était alors sans aucune conséquence, ces *de Lalaing* n'ont-ils jamais, que nous sachions,

(1) Obituaire d'Anchin, XIII° siècle, fo 134 ro, col. 4, Ms. 825 de la Bibl. publique de Douai.

(2) Guilmot, Extraits ms., III, p. 1164; contrats en chirogr. aux archives municipales. — Obituaire de Saint-Amé, fin du XIII° siècle, aux archives départementales.

élevé la prétention de se rattacher aux grands Lalaing. Témoin les armoiries toutes différentes, que plusieurs d'entre eux ont prises, quand ils furent parvenus à un état honorable. En 1698, Thomas-Joseph *de Lalaing*, licencié ès droits, portait, d'après l'Armorial général (1) : Ecartelé ; au 1, d'argent à quatre bandes d'azur ; aux 2 et 3, de gueules à trois maillets d'or ; et au 4, d'azur à la fasce d'or. Thomas-Nicolas *de Lalaing*, docteur et professeur primaire en médecine de notre université, de 1716 à 1748 (2), portait : De..... au chevron de..... accompagné de trois fleurs de lys de.... (3).

A l'une de ces familles douaisiennes appartenaient : Pierre *de Lalaing*, docteur et professeur en théologie, prévôt de Saint-Pierre de Douai de 1670 à 1682, — et Amé-François *de Lalaing*, docteur en droit, dont la veuve, Michelle *Le Maire*, faisait enregistrer ses propres armoiries à Douai, le 7 juillet 1698 (volume Flandres, pages 416-417).

Etait-ce aux *de Lalaing* douaisiens qu'appartenait le greffier de La Bassée, Firmin *Lalaing*, dont les armes furent enregistrées à Lille, le 26 juin 1699, dans l'Armorial général : De gueules à *six* losanges

(1) Ms. de la bibliothèque nation., volume Flandres, p. 417.

(2) Plouvain, *Souvenirs*, Douai, 1822, in-12, p. 284.

(3) D'après l'épitaphe de sa fille, Béatrix-Thérèse, morte le 30 mars 1785, inhumée à Tournai, auprès de son époux Pierre-Joseph Dumortier, conseiller assesseur aux finances de cette ville (communication due à l'obligeance de M. le comte Paul du Chastel de La Howardries).

d'argent posées 3, 2, 1 (volume Flandres, page 787) ?
Ou bien descendait-il réellement des grands Lalaing,
par bâtardise, auquel cas les six losanges, au lieu des
dix, auraient été une brisure ?

Nous mentionnerons aussi à titre de renseignement
un certain « Huges *de Lalaing* , pouure homme
chargé de femme et enffans, demeurant à Meruille »,
qui, le 18 mai 1597, attaqué par un poissonnier, son
ennemi, le blessa mortellement : fait pour lequel il
obtint des lettres de rémission datées de Bruxelles,
le 6 mai 1598 (archives départementales, chambre
des comptes, registre B 1792, f° 72).

Familles de Lalain et Delalain

à Paris, Soissons, Vitry-le-François, etc.

Elles sont encore honorablement représentées à
Paris dans la magistrature et dans l'imprimerie.

A la bibliothèque nationale, cabinet des titres :
Lallain, f° 27, il y a une note que nous copions :

« Mercredi, 1ᵉʳ aoust 1764. De la part de M. *Le
Carlier* d'Epuisart, conseiller en la cour des mon-
noies.

» *Lalain* : D'or à dix losanges de gueules (1).

» M. du Buisson est prié de faire quelques recherches.

» I. Simon de Lalain, chevalier, 1431 , 1436.

(1) Ce sont les armes des d'Allennes, en la châtellenie de Lille.

*(Chroniques et Annales de France du roy Charles 7me
livre 2, f° 85, imprimé en 1560).*

» II. Simon de Lalain, épousa N..... N.....

» III. Claude de Lalain, épousa N..... N.....
dont :

      » 1° Nicolas,

      » 2° Etienne, qui suit :

» IV. Etienne de Lalain, seigneur d'Epuisart, dé-
puté aux états tenus à Paris en 1614, épousa N.....
N..... Dont plusieurs enfants, parmi lesquels :

» V. Etienne de Lalain, marié à N..... *de La Gaux*,
en deuxièmes noces, lequel a eu quatre enfans, savoir :

      » 1° Nicolas, seigneur d'Epuisart, mort à Is-
pahan, en qualité d'envoyé.

      » 2° Marguerite de Lalain, mariée à Antoine
Le Carlier en 1658.

      » 3° N......, religieuse.

      » 4° N......, mariée à N.... N..... »

Ainsi voilà des *de Lalain* de Paris, florissant vers
1660, qu'on aurait voulu rattacher aux grands Lalaing, d'abord au moyen de leur blason pouvant être
réputé modifié par brisure, et ensuite en leur assi-
gnant pour auteur le fameux chevalier de la Toison
d'or *Simon* (voir deuxième branche, XI), qui eut en
effet un fils appelé *Simon* (id., XI 3°), tué devant Paris en 1465, sans laisser d'enfant de sa femme Marie
de Sars. Si donc le Claude *de Lalain*, qui figure ci-
dessus dans le crayon généalogique, est réellement le
fils du chevalier mort dans la guerre du Bien public,
ce serait un bâtard.

Quant à la forme du nom *de Lalain*, elle était adoptée, au XVIᵉ siècle et au XVIIᵉ, surtout par les éditeurs parisiens, pour désigner les illustres chevaliers si souvent cités dans les chroniques de la maison de Bourgogne.

Encore au cabinet des titres, à la suite d'une généalogie des grands Lalaing (dont le nom y est orthographié *de Lallain*), commençant au seigneur *Simon*, époux de Mahaut *d'Aspremont* (voir branche aînée, VIII) et écrite au XVIIIᵉ siècle, il y a plusieurs additions et notamment les indications suivantes :

« Paul *de Lalain*, conseiller du roi, controleur à Soissons, 1639. »

Les trois personnes ci-après désignées y sont données comme frères et sœur :

« 1ᵒ Jean-François *de Lallain* aima une demoiselle de Rouen, sa parente, tua un gentilhomme, son rival, en duel, passa au service de Charles XI, roi de Suède [1660-1697], en revint, purgea son affaire et épousa sa cousine.

» 2ᵒ Pierre-Philippes.

» 3ᵒ Marie-Catherine-Louise, en 16.., femme de M. de Longchamp , de Toulon, lieutenant de vaisseau. Deshonorée par un jésuite, son confesseur, qui s'introduisit dans son lit, pendant qu'elle dormoit en attendant son mari, elle se tua. M. de Longchamp en mourut, peu après, de douleur. »

Enfin une note, placée au fᵒ 16 du même dossier : *Lallain*, donne l'indication du contrat de mariage passé, le 10 mars 1587, entre « Jacques *de Lalain*, fils de feu honorable homme Blaise *de Lalain*, vivant bourgeois de Vitry-le-François , et de demoiselle Nicole *du Bois*, sa femme ; avec Jaquette *Hermant*, fille d'honorable homme Thibault *Hermant*, bourgeois de Chalons, et de d^elle Louise *Guillemin*. » La source est ainsi désignée : « De Pinteville, notaire à Chalons-sur-Marne ; étude Ecoutin. »

En novembre 1697, Etienne *de Lalain*, docteur en médecine à Vitry-le-François, fit enregistrer ses armoiries dans l'Armorial général : D'azur à un lion d'or lampassé et armé de gueules, supportant un écusson de gueules chargé d'un cygne d'argent (volume Champagne, page 205).

A ceux qui consulteraient après nous le même dossier de la bibliothèque nationale, nous dirons qu'au f° 23 r° il y a une note d'une écriture du XVIII° siècle, dans laquelle il est question de « François *de Lallaing*, chevalier, seigneur de Lannoy », portant : « D'or à dix losanges de gueules, qui épousa « Catherine de Dyons », d'où serait venue « Louise *de Lallaing*, qui a épousé noble homme Claude *de Buissy*, écuyer, seigneur de Louvet, fils de Guillaume, écuyer, seigneur dudit lieu, et de Magdelene *de Le Val*, des seigneurs de Manneville et de Graincourt »; mais qu'il y a là une erreur évidente, quant au nom, qui n'est point *de Lallaing*, mais bien *d'Allennes*, famille du pays, portant comme il est dit en la note. En effet, François *d'Allennes*, écuyer, fils de François, écuyer, seigneur de Cantin, épousa, en 1512, Catherine *de Dion*, fille de Philippe, écuyer, et de *Blanche* de Lalaing (voir branche aînée, XII 5°) ; de plus il semble que cette union ait été stérile (1).

Pour clore ce que nous avons appelé « Mélanges et synonymie », nous ne ferons plus que deux citations relatives à des personnages qui pourraient bien appartenir aux *Lalaing-Montigny*, quoiqu'ils ne figurent pas en leur généalogie ; ce sont : Alexandre *de Lalain*, en 1791 et 1792 lieutenant-colonel du bataillon des chasseurs cantabres, infanterie légère, troupe composée de soldats de recrue des pays compris entre les Pyrénées, la Garonne et l'Océan (2) ;— et « messire François *de Lalaing*, conseiller , roi d'armes de S. M. empereur et roi à titre de sa province et seigneurie de Maligne » (Malines) , qui délivrait un certificat, à cause de son « office », à Bruxelles, le 31 mai 1793 (3).

(1) Goethals, *Miroir*, II, p. 708. — Cf. *Souvenirs de la Flandre wallonne*, Douai, 1871, in-8., XI, pp. 13-13.

Encore une erreur à relever entre cent autres : dans l'épitaphier de Malotau, de l'an 1740, IV, p. 240 (Bibl. publ. de Douai, Ms. 836), on trouve l'inscription funéraire de « Louis de Wavrans, écuyer, en son tems homme d'armes de la compagnie de Mr de Ravesteyn », mort en 1887, ainsi que de sa femme « Peronne de Lalain » (sic) ; or les quartiers donnés dans l'Épitaphier même prouvent que le nom de cette dernière était : de Lauwin, portant comme Rambures.

(2) Susane, *Hist. de l'anc. infant. française*, Paris, 1833, in-8°, VII, p. 361.

(3) Herckenrode, *Complément au Nobiliaire des Pays-Bas*, Gand, 1862, in-4, I, p. 53.

TABLE DES MATIÈRES

DE LA PREMIÈRE PARTIE.